Shraddha N. Zanjat
Vishwajit K. Barbudhe
Bhavana S. Karmore

Tecnologia Web

Shraddha N. Zanjat
Vishwajit K. Barbudhe
Bhavana S. Karmore

Tecnologia Web

ScienciaScripts

Imprint

Any brand names and product names mentioned in this book are subject to trademark, brand or patent protection and are trademarks or registered trademarks of their respective holders. The use of brand names, product names, common names, trade names, product descriptions etc. even without a particular marking in this work is in no way to be construed to mean that such names may be regarded as unrestricted in respect of trademark and brand protection legislation and could thus be used by anyone.

Cover image: www.ingimage.com

This book is a translation from the original published under ISBN 978-620-7-47029-7.

Publisher:
Sciencia Scripts
is a trademark of
Dodo Books Indian Ocean Ltd. and OmniScriptum S.R.L publishing group

120 High Road, East Finchley, London, N2 9ED, United Kingdom
Str. Armeneasca 28/1, office 1, Chisinau MD-2012, Republic of Moldova, Europe
Printed at: see last page
ISBN: 978-620-7-97399-6

Conteúdo

TECNOLOGIA WEB

TCP/IP:

Visão geral do TCP/IP, TCP/IP e Internet, camadas do TCP/IP, camada de rede: Endereçamento, sub-rede, conceitos de ARP, RARP, ICMP, IGMP. Camada de transporte: UDP e TCP, Camada de Aplicação: Modelo cliente-servidor, BOOTP, DHCP, DNS, TELNET, FTP, modelo SMTP, HTTP, ideia de WWW e CGI.

Núcleo JAVA:

Fundamentos de JAVA, visão geral dos operadores JAVA, instruções de controlo, introdução de classes, herança, tratamento de excepções, AWT, trabalho com gráficos e texto de janelas, controlos AWT, gestor de layouts.

JAVA avançado:

Introdução ao threading, vantagens, multi-threading, JAVA e redes, sockets de cliente TCP/IP, Whois, URL, sockets de servidor, visão geral de um servidor HTTP proxy de cache.

Applets e JDBC:

Introdução aos applets, arquitetura de um applet, esqueleto, etiqueta HTML APPLET, tratamento de eventos, JDBC, ligação a uma base de dados, transacções e execução de consultas SQL, interface JDBC, declarações callable e prepared, introdução ao swing.

Programação CGI

Introdução à arquitetura da Web, servidor Web Apache, programação Perl, programação CGI com Perl.

Segurança de rede:

Noções básicas e necessidades de segurança de rede, criptografia, cifragem e decifragem, texto cifrado, tipos de criptografia: simétrica e assimétrica, algoritmo RSA, assinatura digital, questões de segurança organizacional e arquitetura de firewall.

Livros de referência:

1. _TCP/IP - Forouzan (TMH)_
2. Internet e World Wide Web, Como Programar, Dietel e Dietel, Pearson Education.
3. _Referência completa JAVA - Naughton Schildt_
4. _Tecnologias Web - Achyut S Godbole e Atul Kahate_

## Capítulo 1

Compreender a WWW e a Internet:

Internet: A Internet é um sistema global de redes informáticas interligadas que utilizam o conjunto de protocolos Internet padrão (TCP/IP) para servir milhares de milhões de utilizadores em todo o mundo. É uma *rede de redes* que consiste em milhões de redes privadas, públicas, académicas, empresariais e governamentais.

WWW: A World Wide Web, abreviada como WWW e vulgarmente conhecida como Web, é um sistema de documentos de hipertexto interligados acedidos através da Internet. Com um navegador Web, é possível visualizar páginas Web que podem conter texto, imagens, vídeos e outros multimédia e navegar entre elas através de hiperligações.

Surgimento da Web: Entre os Verões de 1991 e 1994, a carga do primeiro servidor Web ("info.cern.ch") aumentou regularmente 10 vezes por ano.

Em 1992, o meio académico e, em 1993, a indústria começaram a tomar conhecimento. O World Wide Web Consortium é formado em setembro de 1994, com uma base no MIT, nos EUA, no INRIA, em França, e agora também na Universidade de Keio, no Japão.

Com a inundação dramática de material rico de todos os tipos na Web na década de 1990, a primeira parte do sonho foi amplamente realizada, embora ainda muito poucas pessoas na prática tenham acesso a ferramentas intuitivas de criação de hipertexto.

A segunda parte ainda está por acontecer, mas há sinais e planos que nos deixam confiantes. A grande necessidade de informação sobre a informação, para nos ajudar a categorizar, classificar e pagar a nossa própria informação, está a impulsionar a conceção de linguagens para a Web concebidas para serem processadas por máquinas e não por pessoas. A teia de documentos legíveis por humanos está a ser fundida com uma teia de dados compreensíveis por máquinas. O potencial da mistura de humanos e máquinas a trabalhar em conjunto e a comunicar através da Web pode ser imenso.

Servidores WEB: Para ver e navegar em páginas na Web, só precisa de um navegador Web. Para publicar páginas na Web, é necessário um servidor Web. Um servidor Web é o programa que é executado num computador e é responsável por responder aos pedidos de ficheiros do navegador Web. É necessário um servidor Web para publicar documentos na Web. Quando utiliza um browser para pedir uma página num sítio Web, esse browser estabelece uma ligação Web a um servidor utilizando o protocolo HTTP. Em seguida, o browser formata as informações que obteve do servidor. O servidor aceita a ligação, envia o conteúdo dos ficheiros pedidos e, em seguida, fecha.

Navegadores WEB:

Um navegador Web é o programa utilizado para visualizar páginas e navegar na World Wide Web. Está disponível uma vasta gama de navegadores Web para praticamente todas as plataformas que possa imaginar. O Microsoft Internet Explorer, por exemplo, está incluído no Windows e o Safari está incluído no Mac OS X. O Mozilla Firefox, o Netscape Navigator e o Opera estão todos disponíveis gratuitamente.

O que faz o navegador O principal objetivo de um navegador Web é ligar-se a servidores Web, pedir documentos e, em seguida, formatar e apresentar corretamente esses documentos. Os navegadores Web também podem apresentar ficheiros no seu computador local e descarregar ficheiros que não se destinam a ser apresentados. Cada página Web é um ficheiro escrito numa linguagem designada por Hypertext Markup

Language (HTML) que inclui o texto da página, uma descrição da sua estrutura e ligações a outros documentos, imagens ou outros meios de comunicação.

Protocolos: Em informática, um protocolo é um conjunto de regras que é utilizado pelos computadores para comunicarem entre si através de uma rede. Um protocolo é uma convenção ou norma que controla ou permite a ligação, a comunicação e a transferência de dados entre pontos terminais de computação.

Conjunto de protocolos da Internet: O Internet Protocol Suite é o conjunto de protocolos de comunicação utilizados na Internet e noutras redes semelhantes. Também é vulgarmente conhecido por TCP/IP, nome derivado de dois dos seus protocolos mais importantes: O Protocolo de Controlo de Transmissão (TCP) e o Protocolo Internet (IP), que foram os dois primeiros protocolos de rede definidos nesta norma.

Construir sítios Web: É uma boa ideia começar por pensar e desenhar o seu sítio. Desta forma, estará a dar uma orientação a si próprio e terá de se reorganizar menos mais tarde.

Para conceber o seu sítio:

1. Descubra por que razão está a criar este sítio. O que é que quer transmitir?

2. Pense no seu público. Como pode adaptar o seu conteúdo para agradar a esse público? Por exemplo, deve adicionar muitos gráficos ou é mais importante que a sua página seja descarregada rapidamente?

3. Quantas páginas são necessárias? Que tipo de estrutura pretende que o sítio tenha? Pretende que os visitantes percorram o seu sítio numa determinada direção ou pretende que seja fácil para eles explorarem em qualquer direção?

4. Faça um esboço do seu sítio no papel.

Crie um sistema de nomes simples e coerente para as suas páginas, imagens e outros ficheiros externos.

## Capítulo 2

HTML

Planeamento da conceção de páginas Web:

Dividir o seu conteúdo em tópicos principais

Com os seus objectivos em mente, tente organizar o seu conteúdo em tópicos ou secções principais, agrupando informações relacionadas num único tópico.

Ideias para organização e navegação

Nesta altura, já deve ter uma boa ideia sobre o que quer falar, bem como uma lista de tópicos. O passo seguinte é começar a estruturar a informação que tem num conjunto de páginas Web. No entanto, antes de o fazer, considere algumas estruturas padrão que têm sido utilizadas noutros sistemas de ajuda e ferramentas online. Esta secção descreve algumas destas estruturas, as suas várias caraterísticas, algumas considerações importantes, incluindo o seguinte **Modelo e estrutura de um sítio Web:**

É necessário saber o que significam os seguintes termos e como se aplicam ao conjunto de trabalhos que está a desenvolver para a Web:

Sítio Web: Uma coleção de uma ou mais páginas Web ligadas entre si de uma forma significativa que, no seu conjunto, descreve um corpo de informação ou cria um efeito global.

Servidor Web: Um computador na Internet ou numa intranet que fornece páginas Web e outros ficheiros em resposta a pedidos do browser.

Página Web: Um documento único num sítio Web, normalmente constituído por um documento HTML e quaisquer itens que sejam apresentados nesse documento, tais como imagens em linha.

Página inicial: A página de entrada de um sítio Web, que pode ligar a outras páginas do mesmo sítio Web ou a páginas de outros sítios.

Desenvolvimento de sítios Web:

A conceção de um sítio Web, tal como a conceção do esboço de um livro, a planta de um edifício ou uma pintura, pode, por vezes, ser um processo complexo e complexo. Ter um plano antes de começar pode ajudá-lo a manter os detalhes em ordem e a desenvolver o produto final com menos falsos começos. Hoje, aprendeu a elaborar um plano e uma estrutura simples para criar um conjunto de páginas Web, incluindo o seguinte:

- Decidir o tipo de conteúdo a apresentar
- Elaborar um conjunto de objectivos para esse conteúdo
- Decidir sobre um conjunto de tópicos
- Organizar e elaborar o storyboard do sítio Web

HTML básico: HTML significa Hypertext Markup Language (Linguagem de Marcação de Hipertexto). A ideia aqui é que a maioria dos documentos tem elementos comuns, por exemplo, títulos, parágrafos e listas. Por isso, antes de começar a escrever, pode identificar e definir o conjunto de elementos desse documento e atribuir-lhes nomes apropriados.

Como funciona a marcação

O HTML é uma linguagem de marcação. Escrever numa linguagem de marcação significa que começa com o texto da sua página e acrescenta etiquetas especiais à volta de palavras e parágrafos. As etiquetas indicam as diferentes partes da página e produzem efeitos diferentes no browser. O HTML tem um conjunto definido de etiquetas que pode utilizar. Não pode criar as suas próprias etiquetas para criar novos estilos ou funcionalidades.

Qual o aspeto dos ficheiros HTML

As páginas escritas em HTML são ficheiros de texto simples (ASCII), o que significa que não contêm qualquer informação específica da plataforma ou do programa. Qualquer editor que suporte texto pode lê-los. Os ficheiros HTML contêm o seguinte:

- O texto da própria página
- Etiquetas HTML que indicam os elementos da página, a estrutura, a formatação e as ligações de hipertexto a outras páginas ou a meios incluídos. A maioria das etiquetas HTML tem um aspeto semelhante ao seguinte:

<thetagname>texto afetado</thetagname>

O próprio nome da etiqueta (aqui, thetagname) é colocado entre parênteses (< >). As etiquetas HTML têm geralmente uma etiqueta de início e uma etiqueta de fim à volta do texto que afectam. A etiqueta inicial "ativa" uma caraterística (como cabeçalhos, negrito, etc.) e a etiqueta final desactiva-a. As etiquetas de fecho têm o nome da etiqueta precedido por uma barra (/). A etiqueta de abertura (por exemplo, <p> para parágrafos) e a etiqueta de fecho (por exemplo, </p> para parágrafos) compõem o que é oficialmente designado por elemento HTML.

Formatação de texto e HTML

Quando uma página HTML é analisada por um browser, qualquer formatação que possa ter sido feita à mão, ou seja, quaisquer espaços extra, separadores, retornos, etc., é ignorada. A única coisa que especifica a formatação numa página HTML é uma etiqueta HTML. Se passar horas a editar cuidadosamente um ficheiro de texto simples para ter parágrafos e colunas de números bem formatados, mas não incluir quaisquer etiquetas, quando um navegador da Web carregar a página, todo o texto fluirá para um parágrafo. Todo o seu trabalho terá sido em vão. A vantagem de ignorar todos os espaços em branco (espaços, tabulações, retornos) é que pode colocar as suas etiquetas onde quiser. Os exemplos seguintes produzem todos o mesmo resultado. Experimente-os!

<h1>Se a música é o alimento do amor, toca.

<h1>

Se a música é o alimento do amor, toca.

</h1>

<h1>

Se a música é o alimento do amor, toca. </h1>

<h1> Se a música é o alimento do amor,

jogar </h1 >

Estruturação do HTML

O identificador DOCTYPE

Embora não se trate de uma etiqueta de estrutura de página, a recomendação XHTML 1.0 inclui um requisito adicional para as suas páginas Web. A primeira linha de cada página deve incluir um identificador DOCTYPE que define a versão XHTML 1.0 com a qual sua página está em conformidade e a definição de tipo de documento (DTD) que define a especificação. Isso é seguido pelas tags <html>, <head> e <body>. No exemplo a seguir, o tipo de documento XHTML 1.0 Strict aparece antes das tags de estrutura de página:

<!DOCTYPE html PUBLIC "-//W3C//DTD XHTML 1.0 Strict//EN" "http://www.w3.org/TR/xhtml1/DTD/strict.dtd">

<html>

<head>

<title>Título da página</title>

```
</head>
<body>
...o conteúdo da sua página...
</body>
</html>
```

Três tipos de documentos HTML 4.01 são especificados na especificação XHTML 1.0: Strict, Transitional e Frameset.

A etiqueta <html>

```
<!DOCTYPE html PUBLIC "-//W3C//DTD XHTML 1.0 Transitional//EN"
"http://www.w3.org/TR/xhtml1/DTD/transitional.dtd">
<html>
...a vossa página...
</html>
```

A etiqueta <head>

```
<!DOCTYPE html PUBLIC "-//W3C//DTD XHTML 1.0 Transitional//EN"
"http://www.w3.org/TR/xhtml1/DTD/transitional.dtd">
<html>
<head>
<title>Este é o título. Ele será explicado mais tarde</title>
</head>
...a vossa página...
</html>
```

A etiqueta <body>

```
<!DOCTYPE html PUBLIC "-//W3C//DTD XHTML 1.0 Transitional//EN"
"http://www.w3.org/TR/xhtml1/DTD/transitional.dtd">
<html>
<head>
<title>Este é o título. Ele será explicado mais tarde</title>
</head>
<body>
...a vossa página...
</body>
</html>
```

O título

Cada página HTML precisa de um título para indicar o que a página descreve. Este título aparece na barra de título do browser quando as pessoas visualizam a página Web.

```
<!DOCTYPE html PUBLIC "-//W3C//DTD XHTML 1.0 Transitional//EN"
"http://www.w3.org/TR/xhtml1/DTD/transitional.dtd">
<html>
<head>
<title>O Leão, a Feiticeira e o Guarda-Roupa</title>
</head>
<body>
...a vossa página...
</body>
</html>
```

Rubricas

Os cabeçalhos são utilizados para adicionar títulos às secções de uma página. O HTML define seis níveis de títulos.

As etiquetas de título têm o seguinte aspeto:

```
<h1>Filmes</h1>
<h2>Ação/Aventura</h2>
<h3>Caper</h3>
<h3>Desporto</h3>
<h3>Triller</h3>
<h3>Guerra</h3>
<h2>Comédia</h2>
<h3>Comédia romântica</h3>
<h3>Slapstick</h3>
<h2>Drama</h2>
<h3>Filmes de amigos</h3>
<h3>Mistério</h3>
<h3>Romance</h3>
<h2>Horror</h2>
```

Parágrafos

A partir do padrão HTML 4.01, as tags de parágrafo são de dois lados (`<p>`...`</p>`), e `<p>` indica o início do parágrafo. A tag de fechamento não é mais opcional, portanto, em vez de usar `<p>` para indicar onde um parágrafo termina e outro começa, você coloca cada parágrafo dentro de uma tag `<p>`.

Entrada

```
<p>O dragão caiu no chão, soltando um grito angustiado e fervendo de dor. O golpe da
espada de Enigern foi fatal e o dragão deu seu último suspiro. Agora Enigern estava livre para
libertar a Senhora Aelfleada da sua prisão no covil do dragão.
</p>
```

Imagem:

As imagens apresentadas na Web devem ser convertidas para um dos formatos suportados pela maioria dos browsers: GIF, JPEG ou PNG. GIF e JPEG são os padrões populares, e todos os navegadores gráficos os suportam. O PNG é um formato de imagem mais recente que foi criado em resposta a alguns problemas de patentes com o formato GIF.

O atributo mais importante da etiqueta `<img>` é src, que é o URL da imagem que pretende incluir. Os caminhos para imagens são derivados da mesma forma que os caminhos no atributo href de links. Assim, para apontar para um ficheiro GIF chamado image.gif no mesmo diretório que o documento HTML, pode utilizar a seguinte etiqueta HTML:

```
<img src="image.gif" />
```

Entrada:

```
<p><img src="house.jpg" alt="Casa do Terror" /></p>
<h1>Bem-vindos à Casa do Terror do Dia das Bruxas!!!</h1>
```

Saída:

Ligações:

Para criar uma ligação numa página HTML, é utilizada a etiqueta de ligação HTML `<a>`...`</a>`. A tag `<a>` é frequentemente chamada de tag de âncora porque também pode ser usada para criar âncoras para links.

Entrada

Voltar para <a href="menu.html">

Menu principal</a>

Listas:

O HTML 4.01 define estes três tipos de listas:

• Listas numeradas ou ordenadas, que são normalmente identificadas com números

• Listas com marcadores ou não ordenadas, que são normalmente identificadas com marcadores ou outro símbolo

• Listas de glossários, em que cada item da lista tem um termo e uma definição para esse termo, organizados de forma a que o termo seja de alguma forma destacado ou retirado do texto

Etiquetas da lista

Todas as etiquetas de lista têm os seguintes elementos comuns:

• A lista inteira é envolvida pela tag de abertura e fechamento apropriada para o tipo de lista (por exemplo, <ul> e </ul> para listas não ordenadas, ou <ol> e </ol> para listas ordenadas).

• Cada item de lista dentro da lista tem a sua própria etiqueta:

• dt> e <dd> para as listas de glossários, e <li> para todas as outras listas.

Entrada

• <p>Instalação do novo sistema operativo</p>

• <ol>

• <li>Insira o CD-ROM na sua unidade de CD-ROM.</li>

• <li>Escolha RUN.</li>

• <li>Digite a letra da unidade do seu CD-ROM (exemplo: D:\), seguida de SETUP.EXE.</li>

• <li>Siga as instruções do programa de configuração.</li>

• <li>Reinicie o seu computador depois de todos os ficheiros estarem instalados.</li>

• <li>Cruzar os dedos.</li>

• </ol>

Personalização de listas ordenadas

Pode personalizar as listas ordenadas de duas formas principais: como são numeradas e o número com que a lista começa. O HTML 3.2 fornece o atributo type que pode assumir um de cinco valores para definir o tipo de numeração a utilizar na lista:

• "1" Especifica que devem ser utilizados algarismos árabes padrão para numerar a lista (ou seja, 1, 2, 3, 4, etc.)

• "a" Especifica que devem ser utilizadas letras minúsculas para numerar a lista (ou seja, a, b, c, d, etc.)

• "A" Especifica que devem ser utilizadas letras maiúsculas para numerar a lista (ou seja, A, B,

C, D, etc.)

• "i" Especifica que devem ser utilizados algarismos romanos em minúsculas para numerar a lista (ou seja, i, ii, iii, iv, etc.)

• "I" Especifica que devem ser utilizados algarismos romanos maiúsculos para numerar a lista (que ou seja, I, II, III, IV, etc.)

Pode especificar tipos de numeração na etiqueta <ol>, da seguinte forma: <ol type="a">. Por defeito, assume-se o tipo="1".

Entrada

<p>Os dias da semana em francês:</p>
<ol type="I">
<li>Lundi</li>
<li>Mardi</li>
<li>Mercredi</li>
<li>Jeudi</li>
<li>Vendredi</li>
<li>Samedi</li>
<li>Dimanche</li>
</ol>

Entrada

<p>Os últimos seis meses do ano (e o início do próximo ano):</p>
<ol type="I" start="7">
<li>julho</li>
<li>agosto</li>
<li>setembro</li>
<li>outubro</li>
<li>novembro</li>
<li>dezembro</li>
<li type="1">janeiro</li>
</ol>

Tabelas:

Partes do quadro

Antes de entrarmos no código HTML para criar uma tabela, vamos analisar os seguintes termos para que ambos saibamos do que estamos a falar:

• A legenda indica o assunto da tabela: por exemplo, "Estatísticas de votação" ou "Distribuição de brinquedos por sala" As legendas são opcionais.

• Os títulos da tabela identificam as linhas, colunas ou ambas. Normalmente, estão numa fonte enfatizada que é diferente do resto da tabela. Eles são opcionais.

• As células de tabela são os quadrados individuais da tabela. Uma célula pode conter dados normais da tabela ou um título de tabela.

• Os dados do quadro são os valores do próprio quadro. A combinação dos títulos e dos dados do quadro constitui a soma do quadro.

O elemento <table>

Para criar uma tabela em HTML, utiliza-se o elemento <table>...</table> para incluir o código de uma legenda opcional e, em seguida, adiciona-se o conteúdo da própria tabela:
<table>
...legenda do quadro (opcional) e conteúdo...
</table>

Linhas e células

As células de cada linha são criadas utilizando um de dois elementos:

• Os elementos <th>...</th> são utilizados para células de título. Geralmente, os navegadores centralizam o conteúdo de uma célula <th> e renderizam qualquer texto na célula em negrito.

* Os elementos <td>...</td> são utilizados para células de dados. TD significa dados de tabela.

Entrada

```
<tr>
<th>Nome</th>
<td>Alison</td>
<td>Tom</td>
<td>Susan</td>
</tr>
<tr>
<th>Altura</th>
<td>5'4"</td>
<td>6'0"</td>
<td>5'1"</td>
</tr>
<tr>
<th>Peso</th>
<td>140</td>
<td>165</td>
<td>97</td>
</tr>
<tr>
<th>Cor dos olhos</th>
<td>Azul</td>
<td>Azul</td>
<td>Castanho</td>
</tr>
```

Definição da largura da mesa

Para tornar uma tabela tão larga quanto a janela do navegador, adicione o atributo width à tabela, como mostrado na seguinte linha de código:

```
<table border="1" width="100%">
```

Molduras para trocadores

Pode alterar a largura do limite desenhado à volta da tabela. Se border tiver um valor numérico, a margem à volta do exterior da tabela é desenhada com essa largura de pixéis. A predefinição é border="1". border="0" suprime o contorno, tal como se tivesse omitido o atributo border.

Entrada

```
<table border="10" width="100%">
```

Preenchimento de células

O atributo de preenchimento da célula define a quantidade de espaço entre os bordos das células e o conteúdo dentro de uma célula.

Entrada

<table cellpadding="10" border="1">

Espaçamento entre células

O espaçamento de células é semelhante ao preenchimento de células, mas afecta a quantidade de espaço entre células, ou seja, a largura do espaço entre as linhas interiores e exteriores que constituem o limite da tabela.

Entrada

<table cellpadding="10" border="4" cellspacing="8">

Abrangendo várias linhas ou colunas

As tabelas que criou até agora tinham todas um valor por célula ou uma célula vazia ocasional. Também pode criar células que abrangem várias linhas ou colunas da tabela. Estas células podem conter títulos que têm subtítulos na linha ou coluna seguinte ou pode criar outros efeitos especiais na disposição da tabela.

Entrada

```
<html>
<head>
<title>Vãos de linhas e colunas</title>
</head>
<body>
<table border="1" summary="span example">
<tr>
<th colspan="2">Género</th>
</tr>
<tr>
<th>Masculino</th>
<th>Feminino</th>
</tr>
<tr>
<td>15</td>
<td>23</td>
</tr>
</table>
</body>
</html>
```

Formulários:

Usando a tag <form>

Para aceitar a entrada de um utilizador, deve envolver todos os seus campos de entrada numa etiqueta <form>. O objetivo da tag <form> é indicar onde e como a entrada do usuário deve ser enviada. Primeiro, vamos ver como a tag <form> afeta o layout da página. Os formulários são elementos de nível de bloco.

Entrada

<p>Digite o seu nome de utilizador <form><input /> e a palavra-passe <input /></form> para iniciar sessão.</p>

Os dois atributos mais utilizados da etiqueta <form> são action e method. Ambos os atributos são opcionais. O exemplo a seguir mostra como a tag <form> é normalmente usada:

<form action="someaction" method="get or post">

conteúdo, controlos de formulários e outros elementos HTML
</form>

A ação especifica o URL para o qual o formulário é enviado. Mais uma vez, lembre-se de que, para que o formulário seja enviado com êxito, o script deve estar na localização exacta que especificar e deve funcionar corretamente.

O atributo method suporta dois valores: get ou post. O método indica como os dados do formulário devem ser empacotados no pedido que é enviado de volta para o servidor. O método get anexa os dados do formulário ao URL no pedido.

Criar controlos de texto

Os controlos de texto permitem recolher informações de um utilizador em pequenas quantidades. Este tipo de controlo cria um campo de entrada de texto de linha única no qual os utilizadores podem escrever informações, como o seu nome ou um termo de pesquisa.

Entrada

<p>Digite o nome do seu animal de estimação:
<input type="text" name="petname" /></ p>

Criar controlos de palavra-passe

Os tipos de campos de palavra-passe e de texto são idênticos em todos os aspectos, exceto que os dados introduzidos num campo de palavra-passe são ocultados para que alguém que olhe por cima do ombro da pessoa que introduz a informação não possa ver o valor que foi introduzido no campo.

Entrada

<p>Introduza a sua palavra-passe: <input type="password" name="userpassword" size="8" maxlength="8" /></p>

Criar botões de envio

Os botões de envio são utilizados para indicar que o utilizador terminou de preencher o formulário. Definir o atributo type do formulário para submit coloca um botão submit na página com a etiqueta predefinida determinada pelo browser, normalmente Submit Query. Para alterar o texto do botão, utilize o atributo value e introduza a sua própria etiqueta, como se segue:

<input type="submit" value="Enviar dados do formulário" />

Criar botões de reinicialização

Os botões Reset definem todos os controlos do formulário para os seus valores predefinidos. Estes são os valores incluídos nos atributos de valor de cada campo no formulário (ou, no caso de campos selecionáveis, os valores que são pré-selecionados). Tal como acontece com o botão Submeter, pode alterar a etiqueta de um botão Repor para um valor à sua escolha, utilizando o atributo de valor, da seguinte forma: <input type="reset" value="Limpar formulário" />

Criar controlos de caixa de verificação

As caixas de verificação são campos que podem ser definidos para dois estados: ligado e desligado. Para criar uma caixa de verificação, defina o atributo type da etiqueta de entrada como checkbox. O atributo name também é necessário, como mostrado no exemplo a seguir:

Entrada

<p>Marque para receber e-mail de SPAM <input type="checkbox" name="spam" /></p>

Criar botões de rádio

Os botões de rádio, que geralmente aparecem em grupos, são concebidos de forma a que quando um botão do grupo é selecionado, os outros botões do grupo são automaticamente desmarcados. Permitem fornecer aos utilizadores uma lista de opções a partir da qual apenas uma opção pode ser selecionada. Para criar um botão de rádio, defina o atributo type de uma tag <input> como rádio. Para criar um grupo de botões de rádio, defina os atributos de nome de todos os campos do grupo com o mesmo valor. Para criar um grupo de botões de opção com três opções, é utilizado o seguinte código: **Entrada**

```
<p>Selecionar uma cor:<br />
<input type="radio" name="color" value="red" /> Vermelho<br />
<input type="radio" name="color" value="blue" /> Azul<br />
<input type="radio" name="color" value="green" /> Verde<br />
</p>
```

Criar menus com seleção e opção

O elemento select cria um menu que pode ser configurado para permitir que os utilizadores seleccionem uma ou mais opções de um menu pendente ou de um menu rolável que mostra várias opções ao mesmo tempo. A etiqueta <select> define a forma como o menu será apresentado e o nome do parâmetro associado ao campo. A marca <option> é usada para adicionar seleções ao menu. A aparência padrão das listas de seleção é exibir uma lista suspensa que permite ao usuário selecionar uma das opções. Aqui está um exemplo de como uma lista é criada:

Entrada

```
<p>Por favor, escolha um destino de viagem:
<select name="location">
<opção>Indiana</opção>
<opção>Fuji</opção>
<opção>Timbuktu</opção >
<opção>Alasca</opção>
</select>
</p>
```

Quadros para a conceção de um bom sítio Web:

O primeiro documento HTML que precisa de criar é o chamado documento de conjunto de molduras. Neste documento, define a disposição das suas molduras, e as localizações dos documentos a serem inicialmente carregados em cada moldura. Cada um dos três documentos HTML para além do documento do conjunto de molduras, os que são carregados nas molduras, contêm etiquetas HTML normais que definem o conteúdo de cada área de moldura separada. Esses documentos são referenciados pelo documento do conjunto de quadros.

A etiqueta <frameset>

Para criar um documento de conjunto de quadros, você começa com a tag <frameset>. Quando usada em um documento HTML, a tag <frameset> substitui a tag <body>, como mostrado no código a seguir:

```
<html>
<head>
<title>Título da página</title>
</head>
<frameset>
... o seu conjunto de armação está aqui ...
</frameset>
</html>
```

É importante que você entenda antecipadamente como um documento de conjunto de quadros difere de um documento HTML normal. Se incluir uma etiqueta <frameset> num documento HTML, não pode incluir também uma etiqueta <body>.

O atributo cols

Quando define uma etiqueta <frameset>, tem de incluir um de dois atributos como parte da definição da etiqueta. O primeiro desses atributos é o atributo cols, que tem a seguinte forma:

<frameset cols="largura da coluna, largura da coluna, ...">

Entrada

```
<html>
<head>
<title>Três colunas</title>
</head>
<frameset cols="100,50%,*">
<frame src="leftcol.html">
<frame src="midcol.html">
<frame src="rightcol.html">
</frameset>
</html>
```

O atributo linhas

O atributo rows funciona da mesma forma que o atributo cols, exceto que divide o ecrã em molduras horizontais em vez de verticais. Para dividir o ecrã em duas molduras de igual altura, escreveria o seguinte:

Entrada

```
<html>
<head>
<title>Duas linhas</title>
</head>
<frameset rows="50%,50%">
<frame src="toprow.html">
<frame src="botrow.html">
</frameset>
</html>
```

A etiqueta <frame>

Depois de ter o seu conjunto de molduras básico definido, é necessário associar um documento HTML a cada moldura utilizando a etiqueta <frame>, que tem a seguinte forma:

<frame src="URL do documento">

Para cada quadro definido na tag <frameset>, você deve incluir uma tag <frame> correspondente, como mostrado a seguir:

Entrada

```
<html>
<head>
<title>A etiqueta FRAME</title>
</head>
<frameset rows="*,*,*">
<frame src="document1.html" />
<frame src="document2.html" />
```

```html
<frame src="document3.html" />
</frameset>
</html>
```

Alterar as margens da moldura

Comece com a etiqueta <frame>. Usando dois atributos, bordercolor e frameborder, é possível ativar e desativar bordas e especificar sua cor. Você pode atribuir bordercolor a qualquer valor de cor válido, seja como um nome ou um tripleto hexadecimal. frameborder assume dois valores possíveis:

1 (para visualizar as margens) ou 0 (para desativar a visualização das margens).

```html
<html>
<head>
<title>Fronteiras em conflito</title>
</head>
<frameset frameborder="0" rows="*,*,*">
<frame frameborder="1" bordercolor="yellow" src="document1.html">
<frame bordercolor="#cc3333" src="document2.html">
<frame src="document3.html">
</frameset>
</html>
```

perguntas longas:

1. O que é a Internet? O que é a WWW? Qual é a diferença entre elas?
2. Quais são as diferentes listas disponíveis?
3. Explicar brevemente as diferentes etiquetas e atributos disponíveis na tabela.
4. Quais são as diferentes etiquetas disponíveis para criar os elementos de um formulário, explique em pormenor.

## Capítulo 3

Java Script, CSS e DOM

Java Script:

Fundamentos de programação:

O JavaScript, originalmente chamado LiveScript, foi desenvolvido por Brendan Eich na Netscape em 1995 e foi fornecido com as versões beta do Netscape Navigator 2.0. Os programas JavaScript são utilizados para detetar e reagir a eventos iniciados pelo utilizador, como a passagem do rato sobre uma ligação ou um gráfico. Podem melhorar um sítio Web com auxiliares de navegação, mensagens de deslocamento e rollovers, caixas de diálogo, imagens dinâmicas, carrinhos de compras, etc.

Os programas JavaScript do lado do cliente são incorporados em um documento HTML entre as tags de cabeçalho <head> e </head> ou entre as tags de corpo <body> e </body>. Muitos programadores preferem colocar o código JavaScript dentro das etiquetas <head> e, por vezes, como verá mais tarde, é o melhor local para armazenar definições de funções e objectos. Se você quiser que o texto seja exibido em um ponto específico do documento, talvez queira colocar o código JavaScript dentro das tags <body>. Ou você pode ter vários scripts em uma página e colocar o código JavaScript nas tags <head> e <body>. Em ambos os casos, um programa JavaScript começa com uma tag <script> e termina com uma tag </script>. E se o código JavaScript for longo e complexo, ou puder ser reutilizado, ele pode ser colocado em um arquivo externo (terminando em .js) e carregado na página.

```
1    <html>
2    <head><title>Primeira amostra de JavaScript</title></head>
3    <body bgcolor="yellow" text="blue">
4    <script language = "JavaScript" type="text/javascript">
5    document.writeln("<h2>Bem-vindos ao JavaScript
Mundo!</h1>");
6    </script>
7    <font size="+2">Isto é apenas HTML antigo.</font>
8    </body>
9    </html>
```

Declarações e expressões:

Comentários

Os comentários de uma linha começam com uma barra dupla:

// Isto é um comentário

Para um bloco de comentários, utilize os símbolos /* */:

/* Trata-se de um bloco de comentários que se prolonga por um certo número de linhas
*/

A etiqueta <script>

```
<script>
Declarações JavaScript...
</script>
<script>
document.write("Olá, mundo!<br>");
</script>
```

Atributos

A tag <script> também tem atributos para modificar o comportamento da tag. Os atributos são

- língua
- tipo
- src

```
<script language="JavaScript"
type="text/javascript"
src="diretório/sample.js">
</script>
```

Concatenação de cadeias de caracteres

A concatenação ocorre quando duas cadeias de caracteres são unidas. O sinal de mais (+) é utilizado para concatenar cadeias de caracteres; por exemplo:

"quente" + "cão ou "São Francisco" + "</br>"

Os métodos write() e writeln()

escrever(Este é o texto que será apresentado ⅛y o browser-J,

método   argumento

```
<html>
<head><title>Printing Output</title></head>
<body bgcolor="yellow" text="blue">
<b>Comparando o <em>document.write</em> e o <em>document.writeln
</em> métodos</b><br>
<script language="JavaScript">
document.write("<h3>Um, "); // Sem nova linha
document.writeln("Dois, ");
document.writeln("Três, ");
document.write("Blast off<br          >"); // quebra de etiqueta
document.write("O browser que está a utilizar é " +
navigator.userAgent + "<br>");
</script>
<pre>
<script language="JavaScript">
document.writeln("Com o <em>HTML &lt;pre&gt;
</em> tags, ");
document.writeln("o método <em>writeln</em> produz uma nova linha.");
document.writeln("Slam");
document.writeln("Bang");
document.writeln("Dunk!");
</script>
</pre>
</body></html>
```

Tipos de dados
Tipos de dados primitivos
Os tipos de dados primitivos são os blocos de construção mais simples de um programa. São tipos aos quais pode ser atribuído um único valor literal, como o número 5.7, ou uma cadeia de caracteres, como "hello". O JavaScript suporta três tipos de dados básicos ou centrais:

- numérico
- corda
- Booleano

Para além dos três tipos de dados principais, existem dois outros tipos especiais que consistem num único valor:

- nulo
- indefinido

Variáveis
As variáveis são fundamentais em todas as linguagens de programação. São itens de dados que representam uma localização de armazenamento de memória no computador. As variáveis são contentores que contêm dados como números e cadeias de caracteres. As variáveis têm um nome, um tipo e um valor. Às variáveis JavaScript podem ser atribuídos três tipos de dados:

- numérico
- corda
- Booleano

Operadores:

Os objectos de dados podem ser manipulados de várias formas através do grande número de operadores fornecidos pelo JavaScript. Os operadores são símbolos, como +, -, =, > e <, que produzem um resultado com base em algumas regras.

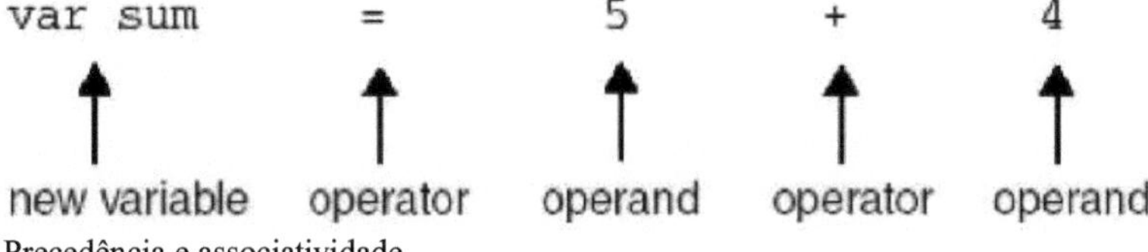

Precedência e associatividade

Operador Descrição Associatividade
() Parênteses Da esquerda para a direita
++ - Aumento e diminuição automáticos Da direita para a esquerda
! Lógica NÃO Da direita para a esquerda
* / % Multiplicar, dividir, modular Da esquerda para a direita
+ - Adicionar, subtrair Da esquerda para a direita
+ Concatenação Da esquerda para a direita
<<= Menor que, menor que igual a Da esquerda para a direita
>>= Maior que, maior que igual a Da esquerda para a direita
= = != Igual a, não igual a Da esquerda para a direita
= = = !== Idêntico a (mesmo tipo), não idêntico a Da esquerda para a direita
&Bitwise AND Da esquerda para a direita

Operador Descrição Associatividade

OU bit a bit

^ XOR bit a bit

~ Bitwise NOT

<< Deslocação à esquerda bit a bit

>> Deslocação à direita bit a bit

>>> Preenchimento a zero com bit, deslocamento à direita

&& Lógica AND Da esquerda para a direita

Lógico OU Da esquerda para a direita

? : Ternário, condicional Da direita para a esquerda

= += - = *= /= %= <<= >>= Atribuição da direita para a esquerda

, (vírgula)

Tipos de operadores:

Operadores aritméticos

Operadores aritméticos.

Operador/Operandos Função

x + yAdição

x - y   Subtração

x * yMultiplicação

x /   yDivisão

x %   yMódulo

Operadores de atribuição de atalhos

Operadores de atribuição.

Operador Exemplo Significado

= var x = 5; Atribuir 5 à variável x.

+= x += 3; Adiciona 3 a x e atribui o resultado a x.

*   = x -= 2; Subtrair 2 a x e atribuir o resultado a x.

*   = x *= 4; Multiplica x por 4 e atribui o resultado a x.

/= x /= 2; Dividir x por 2 e atribuir o resultado a x.

*   *= x **= 2; Elevar x ao quadrado e atribuir o resultado a x.

%= x %= 2 Dividir x por 2 e atribuir o resto a x.

Operadores de auto incremento e auto decremento

Para tornar os programas mais fáceis de ler, para simplificar a digitação e, ao nível da máquina, para produzir código mais eficiente, são fornecidos os operadores de incremento automático (++) e de decremento automático (- -). Operadores de auto incremento e auto decremento.

Função do operador O que faz Exemplo

++x Pré-incremento Adiciona 1 a x x = 3; x++; x é agora 4

x++ Pós-incremento Adiciona 1 a x x = 3; ++x; x é agora 4

-x Pré-decremento Subtrai 1 de x x = 3; x - -; x é agora 2

x- - Pós-decremento Subtrai 1 de x x = 3; - -x; x é agora 2

Operador de concatenação

Como mostrado nos exemplos anteriores, o sinal + é utilizado para concatenação e adição. O operador de concatenação, o sinal +, é um operador de cadeia de caracteres utilizado para juntar uma ou mais cadeias de caracteres. De facto, o operador de concatenação é o único operador que o JavaScript fornece para manipular cadeias de caracteres.

Operador Exemplo Significado

+ "hot" + "dog" Concatena (junta) duas cadeias de caracteres; cria "hotdog".

"22" + 8 Converte o número 8 para a cadeia de caracteres "8" e, em seguida, concatena, resultando em "228". Nas instruções que envolvem outros operadores, o JavaScript não converte valores numéricos em cadeias de caracteres.

+= x ="cow"; x+= "boy"; Concatena duas cadeias de caracteres e atribui o resultado a x; x torna-se "cowboy".

Operadores de comparação

Operador/Operandos Função

x == y   x é igual a y

x != y   x não é igual a y

x > y   x é maior do que y

x >= y   x é maior ou igual a y

x < y   x é inferior a y

x <= y   x é menor ou igual a y

x = = = y   x é idêntico a y em valor e tipo

x != = y   x não é idêntico a y

Operadores lógicos

Operador/Operandos Função

num1 && num2 Verdadeiro, se num1 e num2 forem ambos verdadeiros. Devolve num1 se for avaliado como falso; caso contrário, devolve num2. Se os operandos forem valores booleanos, devolve verdadeiro se ambos os operandos forem verdadeiros; caso contrário, devolve falso.

num1 num2 Verdadeiro, se num1 for verdadeiro ou se num2 for verdadeiro.

! num1 Não num1; verdadeiro se num1 é falso; falso se num1 é verdadeiro.

O operador condicional

FORMATO

expressão condicional ? expressão : expressão

Exemplos:

x ?y : z Se x for verdadeiro, o valor da expressão passa a y, caso contrário o valor da expressão passa a z

big = (x > y) ? x : y Se x for maior do que y, x é atribuído à variável big, caso contrário y é atribuído

a variável grande

Operadores bit a bit

Exemplo de função de operador O que ela faz

&Bitwise AND x & y Devolve um 1 em cada posição de bit se ambos os bits correspondentes forem 1.

Bitwise OR x y Devolve um 1 em cada posição de bit se um ou ambos os bits correspondentes forem 1.

XOR bit a bit x ^ y Devolve um 1 em cada posição de bit se um, mas não ambos, dos bits correspondentes for 1.

- Bitwise NOT -x Inverte os bits dos seus operandos. 1 torna-se 0; 0 torna-se 1.

<< Deslocamento à esquerda x << y Desloca x na representação binária y bits para a esquerda, deslocando zeros a partir da direita.

>> Deslocamento à direita x >> y Desloca x na representação binária y bits para a direita,

descartando os bits deslocados.

>>> Deslocamento x à direita com preenchimento zero >>> b Desloca x em representação binária y bits para a direita, descartando bits deslocados e deslocando zeros a partir da esquerda.

Caixas pop-up:

O JavaScript utiliza caixas de diálogo para interagir com o utilizador. As caixas de diálogo são criadas com três métodos:

* alerta()
* prompt()
* confirmar()

O método alert()

```
<html>
<head><title>Caixa de diálogo</title></head>
<body bgcolor="yellow" text="blue">
<b>Testando o método alert</b><br>
<script language="JavaScript">
document.write("<font size='+2'>");
document.write("É um pássaro, ");
document.write("É um avião, <br>");
alert("É o Super-Homem!");
</script>
</body></html>
```

A caixa de prompts

Uma vez que o JavaScript não fornece um método simples para aceitar a entrada de dados do utilizador, são utilizados a caixa de diálogo de prompt e os formulários HTML. A caixa de diálogo de prompt aparece com uma caixa de campo de texto simples. Depois de o utilizador introduzir o texto na caixa de diálogo de prompt, o seu valor é devolvido.

FORMATO

```
prompt(mensagem);
prompt(mensagem, defaultText);
```

Exemplo:

```
prompt("Qual é o seu nome? ", "");
prompt("Onde está o seu nome? ", nome);
```

A caixa de confirmação

A caixa de diálogo de confirmação é utilizada para confirmar a resposta de um utilizador a uma pergunta. Aparecerá um ponto de interrogação na caixa com um botão OK e um botão Cancelar. Se o utilizador premir o botão OK, é devolvido true; se premir o botão Cancelar, é devolvido false. Este método recebe apenas um argumento, a pergunta que vai colocar ao utilizador.

Exemplo

```
<html>
<head>
<title>Usando a caixa de confirmação JavaScript</title>
</head>
<body>
```

```
<script language = "JavaScript">
document.clear // Limpa a página
se(confirm("Are you really OK?") == true){
alert("Então podemos prosseguir!");
}
senão{
alert("Vamos tentar quando te sentires melhor? ");
}
</script>
</body>
</html>
```

Declarações de controlo:

Condicionais

```
if (condição){ declarações;
}
```

Exemplo:

```
se ( idade > 21 ){
alert("Let's Party!"); }
```

se/então

```
se (condição){
declarações1;
}
senão{
declarações2;
}
```

Exemplo:

```
se ( x > y ){
alert( "x é maior");
}
senão{
alert( "y é maior");
}
```

Exemplo

```
<html>
<head>
<title>Controlo de fluxo condicional</title>
</head>
<body>
<script language=javascript>
<!-- Escondendo JavaScript de navegadores antigos document.write("<h3>"); var age=prompt("How old are you? ","");
se( idade >= 55 ){
document.write("Pagou a tarifa de sénior! ");
}
senão{
```

```javascript
document.write("Paga a tarifa normal de adulto. ");
}
document.write("</h3>");
//-->
</script>
</body>
</html>
```

se/seu se

```
se (condição) {
declarações1;
}
Caso contrário, se (condição) {
declarações2;
}
Caso contrário, se (condição) {
declarações3;
}
senão{
declarações4;
}
```

Interruptor/caixa

```
switch (expressão){
rótulo do caso :
declaração(ões);
pausa;
rótulo do caso :
declaração(ões);
pausa;
...
predefinição : declaração;
}
```

Exemplo:

```
mudar (cor){
caso "vermelho":
alert("Quente!");
pausa;
caso "azul":
alert("Frio.");
pausa;
por defeito:
alert("Não é uma boa escolha.");
pausa;
}
```

Exemplo

```
<html>
```

```
<head>
<title>A Declaração de Mudança</title>
</head>
<body>
<script language=javascript>
<!-
var color=prompt("Qual é a sua cor?","");
switch(color){
caso "vermelho":
document.bgColor="color";
document.write("O vermelho é quente.");
pausa;
caso "amarelo":
document.bgColor=color;
document.write("O amarelo é quente.");
pausa;
caso "verde":
document.bgColor="lightgreen";
document.write("O verde é calmante.");
pausa;
caso "azul":
document.bgColor="#RRGGBB";
document.write("O azul é fixe.");
pausa;
por defeito:
document.bgColor="white";
document.write("Hoje não está disponível, vamos usar branco");
pausa;
}
//-->
</script>
</body>
</html>
```

Laços

Os loops são utilizados para executar um segmento de código repetidamente até que alguma condição seja satisfeita. As construções básicas de looping do JavaScript são

- enquanto
- para
- fazer/enquanto

O laço while

A instrução while executa o seu bloco de instruções desde que a expressão após o while seja avaliada como verdadeira; ou seja, não nula, não zero, não falsa. Se a condição nunca mudar e for verdadeira, o loop será iterado para sempre (loop infinito). Se a condição for falsa, o controlo passa para a instrução imediatamente a seguir à chave de fecho do bloco de instruções do ciclo. As funções break e continue são utilizadas para o controlo do ciclo.

```
while (condição) {
declarações;
contador de incremento/decremento;
}
```

Exemplo

```html
<html>
<head>
<title>Construções de looping</title>
</head>
<body>
<h2>Loop de pilha</h2>
<script language="JavaScript">
document.write("<font size='+2'>");
vari=0; // Inicializar o contador do ciclo
while ( i< 10 ){ // Teste
document.writeln(i);
i++; // Incrementar o contador
} // Fim do bloco do ciclo
</script>
</body>
</html>
```

O ciclo do/while

A instrução do/while executa um bloco de instruções repetidamente até que uma condição se torne falsa. Devido à sua estrutura, este ciclo executa necessariamente as instruções no corpo do ciclo pelo menos uma vez antes de testar a sua expressão, que se encontra na parte inferior do bloco.

```
fazer
{ declarações;}
enquanto (condição);
```

Exemplo

```html
<html>
<head>
<title>Construções de looping</title>
</head>
<body>
<h2>Loop "Do While"</h2>
<script language="JavaScript">
document.write("<font size='+2'>");
vari=0;
fazer{
document.writeln(i);
i++;
} while ( i< 10 )
</script>
</body>
</html>
```

O laço for

O loop for consiste na palavra-chave for seguida de três expressões separadas por ponto e vírgula e entre parênteses. Qualquer uma ou todas as expressões podem ser omitidas, mas os dois pontos e vírgulas não. A primeira expressão é utilizada para definir o valor inicial das variáveis e é executada apenas uma vez, a segunda expressão é utilizada para testar se o ciclo deve continuar ou parar, e a terceira expressão actualiza as variáveis do ciclo; ou seja, aumenta ou diminui um contador, que normalmente determina o número de vezes que o ciclo é repetido.

```
for(Expressão1;Expressão2;Expressão3)
{declaração(ões);}
for (initialize; test; increment/decrement) {statement(s);}
<html>
<head>
<title>Construções de looping</title>
</head>
<body>
<h2>Loop para o for</h2>
<script language="JavaScript">
document.write("<font size='+2'>");
for(vari = 0; i< 10; i++ ){
document.writeln(i);
}
</script>
</body>
</html>
```

Tentar... Declarações de captura e lançamento:

Captura de erros em JavaScript:

É muito importante que os erros lançados sejam apanhados ou retidos para que possam ser tratados de forma mais eficiente e conveniente e para que os utilizadores possam navegar melhor na página Web.

Utilizar a instrução try.catch:

A instrução try..catch tem dois blocos:

- tentar bloquear
- bloco de captura

No bloco try, o código contém um bloco de código que deve ser testado para detetar erros. O bloco catch contém o código que deve ser executado se ocorrer um erro. A sintaxe geral da instrução try..catch é a seguinte:

```
tentar {
//Bloco de código que deve ser testado para detetar erros
}
catch (err)
{
//Bloco de código que deve ser executado se ocorrer um erro }
```

Quando, na estrutura acima, ocorre um erro no bloco try, o controlo é imediatamente transferido para o bloco catch, sendo a informação sobre o erro também passada para o bloco catch. Assim, o bloco try..catch ajuda a tratar os erros sem interromper o programa e, por conseguinte, revela-se de fácil utilização.

O conceito de declaração try... catch apresentado num exemplo:

```
<html>
<head>
<script type="text/javascript">
tentar
{
document.write(junkVariable)
}
catch(err)
{
document.write(err.message + "<br/>")
}
</script>
</head>
<body>
</body>
</html>
```

O resultado do programa acima é 'junkVariable' é indefinido

No programa acima, a variável *junkVariable é* indefinida e a sua utilização no bloco try dá origem a um erro. O controlo é transferido para o bloco catch com este erro e esta mensagem de erro é impressa no bloco catch.

em JavaScript:

Existe outra instrução chamada throw disponível em JavaScript que pode ser utilizada juntamente com as instruções try.catch para lançar excepções e, assim, ajudar na geração. A sintaxe geral desta instrução throw é a seguinte:

lançar(exceção)

A exceção pode ser qualquer variável do tipo inteiro, booleano ou cadeia de caracteres.

por exemplo:

```
<html>
<head>
<script type="text/javascript">
tentar
{
varexfor=10
se(exfor!=20)
{
lançar "PlaceError"
}
}
catch(err)
{
se(err == "PlaceError")
document.write ("Exemplo para ilustrar o Throw
Declaração: A variável exfor não é igual a 20.
```

```
<br/>")
}
</script>
</head>
<body>
</body>
</html>
```

O resultado do programa acima é:

Exemplo para ilustrar a declaração Throw: A variável exfor não é igual a 20.

No programa de exemplo acima, o bloco try tem a variável exfor inicializada em 10. Usando a instrução if, o valor da variável é verificado para ver se é igual a 20. Como exfor não é igual a 20, a exceção é lançada utilizando a instrução throw. Esta é designada por Place Error e o controlo é transferido para o bloco catch. O erro apanhado é verificado e, uma vez que é igual a PlaceError, a instrução colocada dentro da mensagem de erro é apresentada e o resultado é apresentado como acima.

Objectos de script java:

Objectos de matriz

Uma matriz é uma coleção de valores semelhantes - denominados elementos - como uma matriz de cores, uma matriz de cadeias de caracteres ou uma matriz de imagens. Cada elemento da matriz é acedido com um valor de índice entre parênteses rectos. Um índice também é chamado de subscrito. Existem dois tipos de valores de índice: um número inteiro não negativo e uma cadeia de caracteres. As matrizes indexadas por cadeias de caracteres são chamadas matrizes associativas. Em JavaScript, as matrizes são objectos incorporados com algumas funcionalidades adicionais.

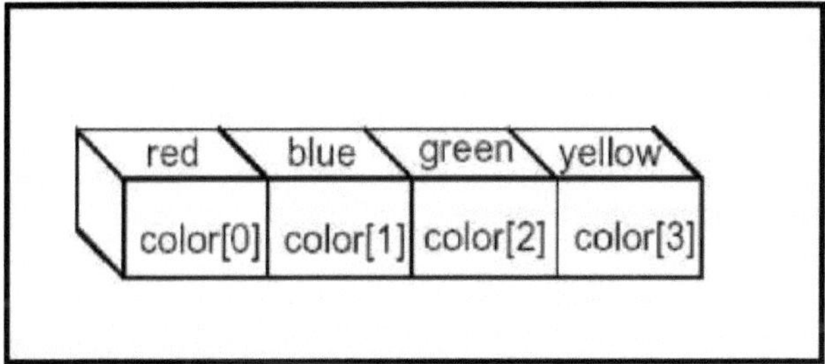

Declarar uma matriz

O seguinte vetor chama-se nome_do_vector e o seu tamanho não é especificado.

```
vararray_name = new Array();
```

No exemplo seguinte, o tamanho ou comprimento da matriz é passado como um argumento para o construtor Array(). A nova matriz tem 100 elementos indefinidos.

```
nome_da_matriz = nova Matriz(100);
```

No exemplo seguinte, a matriz recebe uma lista de valores iniciais de qualquer tipo de dados:

```
vararray_name = new Array("red", "green", "yellow", 1 ,2, 3);
```

Exemplo

```
<html>
<hcad><title>O objeto matriz</title>
<h2>Um conjunto de livros</h2>
```

```
<script language="JavaScript">
var book = new Array(6); // Criar um objeto Array
book[0] = "War and Peace"; // Atribuir valores aos seus elementos
livro[1] = "Huckleberry Finn";
livro[2] = "O Regresso do Nativo";
livro[3] = "Um Conto de Natal";
livro[4] = "The Yearling";
livro[5] = "Êxodo";
</script>
</head>
<body bgcolor="lightblue">
<script language="JavaScript">
document.write("<h3>");
for(vari in book){
document.write("book[" + i + "]"+ book[i] + "<br>");
}
</script>
</body>
</html>
```

Propriedades e métodos de matriz

Uma vez que um array é um objeto em JavaScript, tem propriedades para o descrever e métodos para o manipular. O comprimento de uma matriz, por exemplo, pode ser determinado pela propriedade length, e a matriz pode ser encurtada utilizando o método pop(). Para obter uma lista completa das propriedades e métodos da matriz

Propriedades de objectos de matriz

O objeto Array tem apenas três propriedades. A mais utilizada é a propriedade length, que determina o número de elementos da matriz, ou seja, o tamanho da matriz.

Propriedade O que faz

construtor Faz referência ao construtor do objeto length Devolve o número de elementos da matriz prototype Estende a definição da matriz adicionando propriedades e métodos

Métodos de matriz

Quer tenha um conjunto de cores, nomes ou números, há muitas formas de manipular os elementos do conjunto. Por exemplo, pode querer adicionar um novo nome ou cor ao início ou ao fim do conjunto, remover um número do fim do conjunto, ordenar todos os elementos, inverter o conjunto e assim por diante. O JavaScript fornece um conjunto completo de métodos para fazer todas estas coisas e mais

Método O que faz

concat() Concatena elementos de uma matriz para outra matriz join() Une os elementos de uma matriz através de um separador para formar uma cadeia de caracteres pop() Remove e devolve o último elemento de uma matriz push() Adiciona elementos ao fim de uma matriz reverse() Inverte a ordem dos elementos numa matriz sort() Ordena uma matriz alfabeticamente ou numericamente toString() Devolve uma representação em cadeia da matriz

O objeto Date

O JavaScript fornece o objeto Date para manipular a data e a hora. Tal como os objectos String e Array, pode criar o número de instâncias que desejar.

Exemplo

var Date = new Date(); // O novo construtor devolve um objeto Date.

var Date = new Date("July 4, 2004, 6:25:22");

var Date = new Date("July 4, 2004");

var Date = new Date(2004, 7, 4, 6, 25, 22);

var Date = new Date(2004, 7, 4);

var Date = new Date(Milliseconds);

Utilização dos métodos do objeto Date

Método O que faz getDate Devolve o dia do mês (1-31)

getDay Devolve o dia da semana (0-6); 0 é domingo, 1 é segunda-feira, etc.

getFullYear Devolve o ano com 4 dígitos

getHours Devolve a hora (0-23)

getMilliseconds Devolve o milissegundo

getMinutes Devolve horas desde a meia-noite (0-23)

getMonth Devolve o número do mês (0-11); 0 é janeiro, 1 é fevereiro, etc. getSeconds Devolve o segundo (0-59) setDate(value) Define o dia do mês (1-31) setFullYear() Define o ano como um número de quatro dígitos setHours() Define a hora dentro do dia (0-23) setHours(hr,min,sec,msec) Define a hora no local setMilliseconds Define o milissegundo

setMinutes(min,sec, msec) Define o minuto na hora local setMonth(month,date) Define o mês na hora local setSeconds() Define o segundo

setTime() Define a hora a partir de 1 de janeiro de 1970, em milissegundos setYear() Define o número de anos desde 1900 (00-99) toGMTString() Devolve a cadeia de datas em formato universal toString Devolve a cadeia que representa a data e a hora

valueOf() Devolve a equivalência do objeto Date em milissegundos **Exemplo**

```
<html>
<head><title>Hora e data</title></head>
<body bgcolor="lightblue"><h2>Data e hora</h2>
<script language="JavaScript">
var now = new Date(); // Now é uma instância de um objeto Date document.write("<font size='+1'>");
document.write("<b>Hora local:</b> " + now + "<br>");
var hours=now.getHours();
var minutes=now.getMinutes();
var seconds=now.getSeconds();
var year=now.getFullYear();
document.write("O ano completo é " + ano +"<br>");
document.write("<b>A hora é:</b> " +
horas + ":" + minutos + ":" + segundos);
document.write("</font>");
</script>
</body>
</html>
```

O objeto Matemática

O objeto Math permite-lhe trabalhar com cálculos aritméticos mais avançados, tais como raiz quadrada, funções trigonométricas, logaritmos e números aleatórios, do que os fornecidos pelos operadores numéricos básicos. Se estiver a fazer cálculos simples, não precisará dele.

Métodos do objeto matemático.

Funcionalidade do método

Math.abs(Número) Devolve o valor absoluto (sem sinal) de Número

Math.exp(x) Constante de Euler elevada a uma potência (ver nota de rodapé)

Math.floor(Número) Arredonda o número para o número inteiro mais próximo
Math.log(Número) Devolve o logaritmo natural do número (base E) Math.max(Número1,
Número2) Devolve o maior valor de Número1 e Número2 Math.min(Número1, Número2)
Devolve o menor valor de Número1 e Número2 Math.pow(x, y) Devolve o valor de x à
potência de y(x), em que x é a base e y é o expoente

Math.random() Gera um número pseudo-aleatório entre 0,0 e 1,0 Math.round(Number)
Arredonda o número para o inteiro mais próximo

Math.sin(Número) Arco-seno de Número em radianos

Math.sqrt(Número) Raiz quadrada de um número

Math.tan(Número) Tangente de Número em radianos

Math.toString(Número) Converte um número numa cadeia de caracteres

Exemplo

```html
<html>
<head><title>O Objeto Matemática</title></head>
<body>
<h2>Métodos de objectos matemáticos--sqrt(),pow()<br>
Propriedade do objeto matemático--PI</h2>
<P>
<script language="JavaScript">
varnum=16;
document.write("<h3>A raiz quadrada de " +num+ " é ");
document.write(Math.sqrt(num),".<br>");
document.write("PI é ");
document.write(Math.PI);
document.write(".<br>"+num+" elevado à 3ª potência é " );
document.write(Math.pow(num,3));
document.write(".</h3></font>");
</script>
</body></html>
```

O objeto booleano

O objeto booleano foi incluído no JavaScript 1.1. É utilizado para converter um valor não
booleano num valor booleano, verdadeiro ou falso. Existe uma propriedade, a propriedade
prototype, e um método, o método toString(), que converte um valor booleano numa cadeia
de caracteres; assim, true é convertido em "true" e false é convertido em "false".

var object = new Boolean(value);

Exemplo:

var b1 = new Boolean(5);

var b2 = new Boolean(null);

```html
<html><head><title>Objeto booleano</title>
</head>
```

```html
<body bgcolor=aqua>
<font face="arial" size="+1"><b>
O objeto booleano<br>
<font size="-1">
<script language="JavaScript">
var bool1= new Boolean( 0);
var bool2 = new Boolean(1);
var bool3 = new Boolean("");
var bool4 = new Boolean(null);
var bool5 = new Boolean(NaN);
document.write("O valor 0 é booleano "+ bool1 +"<br>");
document.write("O valor 1 é booleano "+ bool2 +"<br>");
document.write("O valor da cadeia vazia é booleano "+ bool3+ "<br>");
document.write("O valor de null é booleano "+ bool4+ "<br>");
document.write("O valor de NaN é booleano "+ bool5 +"<br>");
</script>
</body></html>
```

Folhas de estilo em cascata:

O estilo pode ser aplicado a um documento através de uma variedade de métodos. O método através do qual o estilo é ligado a um documento é designado por *integração*. Existem várias formas de integrar o estilo, e a forma como se decide integrar o estilo dependerá em grande medida do que se está a tentar realizar com um documento específico ou um conjunto de documentos.

Folhas de estilo em linha

O método de integração em linha permite-lhe pegar em qualquer etiqueta e adicionar-lhe um estilo. A utilização do estilo em linha permite-lhe o máximo controlo sobre um elemento preciso de um documento Web, mesmo que seja apenas um carácter. Digamos que pretende controlar o aspeto de um parágrafo específico. Pode simplesmente adicionar um atributo style="x" à etiqueta de parágrafo e o navegador apresentará esse parágrafo utilizando os valores de estilo que adicionou ao código.

Exemplo:

```html
<!DOCTYPE html PUBLIC "-//W3C//DTD XHTML 1.0
Transitório//EN"
"http://www.w3.org/TR/xhtml1/DTD/xhtml1-
transitional.dtd">
<html xmlns="http://www.w3.org/1999/xhtml">
<head>
<title>Amostra de estilo em linha</title>
</head>
<body>
<h1 style="font-family: Arial">Bem-vindos!</h1>
</body>
</html>
```

O estilo em linha é útil para obter um controlo preciso sobre algo num único documento, mas como só se aplica ao elemento em questão, é muito provável que não utilize o estilo em linha com tanta frequência como outros métodos de integração.

Folhas de estilo internas

A incorporação permite o controlo de um documento completo. Utilizando o elemento de estilo, que coloca na secção de cabeçalho de um documento, pode inserir atributos de estilo detalhados para serem aplicados a toda a página.

A incorporação é uma forma extremamente útil de estilizar páginas individuais que também podem ter outros métodos de estilo a influenciá-las. Também pode estilizar uma única página ou utilizar várias folhas incorporadas. Esta última opção é especialmente útil se pretender que o seu documento tenha estilos diferentes para diferentes tipos de media.

Folha de estilo interna:

```
<!DOCTYPE html PUBLIC "-//W3C//DTD XHTML 1.0 Transitional//EN"
"http://www.w3.org/TR/xhtml1/DTD/xhtml1-transitional.dtd">
<html xmlns="http://www.w3.org/1999/xhtml">
<head>
<title>Amostra de estilo incorporado</title>
<style type="text/css" media="screen">
h1 {
fonte: Arial;
}
</style>
</head>
<body>
<h1>Bem-vindos!</h1>
</body></html>
```

Como pode ver, a regra de estilo tem essencialmente o mesmo aspeto que tinha no exemplo em linha, mas agora é aplicada através do elemento style em vez do atributo style. Ao contrário do exemplo em linha, que se aplicava apenas a esse h1 específico, esta regra aplicar-se-á a todos os elementos h1 no documento, a menos que seja aplicada uma classe ou um estilo em linha.

Folhas de estilo externas:

Uma folha de estilos externa contém tantas regras de estilo quantas desejar e ajuda a fornecer um meio muito poderoso para criar estilos principais que podem ser aplicados a uma página ou a mil milhões de páginas.

Uma folha de estilos externa é exatamente isso - todo o estilo é colocado num ficheiro externo. Pode ligar à folha de estilos a partir de qualquer documento que deseje, utilizando o elemento de ligação na parte do cabeçalho dos documentos com os quais gostaria de integrar o estilo.

O documento de estilo externo é um documento de texto que pode ser escrito em qualquer editor ou ferramenta que permita guardar um documento como texto. Para criar uma folha de estilo ligada, siga estes passos:

1. Abra o editor de texto ou HTML da sua preferência.
2. Introduza a regra ou regras de estilo que pretende.

```
h1 {
fonte: Arial;
}
```

3. Selecione Ficheiro, Guardar e guarde o seu ficheiro com o nome h1style e uma extensão

.css (style.css).

Verificará que o ficheiro CSS não contém informações e etiquetas adicionais. Isto deve-se ao facto de uma folha de estilos externa ser simplesmente uma lista de regras de estilo. Também pode usar comentários na folha de estilos, mas não deve haver declarações, elementos, atributos, scripts ou outras construções neste documento.

O passo seguinte é ligar o documento ou documentos que pretende integrar com esta folha de estilos:

1. No seu documento, coloque um elemento de ligação na secção de cabeçalho. Estou a utilizar XHTML, pelo que o meu elemento de ligação, que é um elemento vazio, utiliza a barra final, ao contrário do HTML:

<link />

2. Adicione o atributo rel, que descreve o tipo de relação de integração, neste caso, uma folha de estilos:

<link rel="folha de estilo" />

3. Adicione o atributo type e o tipo adequado, tal como faria para uma folha incorporada:

<link rel="stylesheet" type="text/css" />

4. Incluir o suporte a que a folha se destina. Este pode ser qualquer um dos tipos de suporte descritos anteriormente: impressão, ecrã, Braille, auditivo, etc. Neste caso, vou utilizar o valor do ecrã.

<link rel="stylesheet" type="text/css" media="screen" />

5. Referencie o ficheiro de origem utilizando o atributo href e a localização do ficheiro de origem. Neste caso, ambos os documentos residem no mesmo diretório, por isso vou referenciá-lo relativamente:

<link rel="stylesheet" type="text/css" media="all" href="style.css" />

6. Guarde o seu documento como h1styletest.html.

O código seguinte mostra o documento XHTML completo com o elemento de ligação incluído.

O documento XHTML e a folha de estilo externa estão agora integrados

```
<!DOCTYPE html PUBLIC "-//W3C//DTD XHTML 1.0 Transitional//EN"
"http://www.w3.org/TR/xhtml1/DTD/xhtml1-transitional.dtd">
<html xmlns="http://www.w3.org/1999/xhtml">
<head>
<title>Amostra de estilo ligada</title>
<link rel="stylesheet" type="text/css" media="screen" href="style.css" />
</head>
<body>
<h1>Bem-vindos!</h1>
</body>
</html>
```

Seletores de classe

Ao trabalhar com HTML, os autores podem utilizar a notação de ponto (.) para representar o atributo class. O valor do atributo deve seguir-se imediatamente ao "ponto" (.).

Por exemplo, podemos atribuir informações de estilo a todos os elementos com class="pastoral" da seguinte forma:

.pastoral {cor: verde } / todos os elementos com class=pastoral */ ou apenas

.pastoral { cor: verde } /* todos os elementos com class=pastoral */

O seguinte atribui estilo apenas a elementos H1 com class="pastoral":

H1.pastoral { cor: verde } /* Elementos H1 com class=pastoral */

Dadas estas regras, a primeira instância H1 abaixo não teria texto verde, enquanto a segunda teria:

<H1>Não é verde</H1>

<H1 class="pastoral">Muito verde</H1>

Para corresponder a um subconjunto de valores de "classe", cada valor deve ser precedido por um ".".

Por exemplo, a seguinte regra corresponde a qualquer elemento P a cujo atributo "class" foi atribuída uma lista de valores separados por espaços que inclui "pastoral" e "marine":

p.marine.pastoral{ cor: verde }

Esta regra corresponde à classe="pastoral blue aqua marine" mas não corresponde à classe="pastoral blue".

As CSS dão tanto poder ao atributo "class" que os autores poderiam conceber a sua própria "linguagem de documento" com base em elementos sem quase nenhuma apresentação associada (como DIV e SPAN em HTML) e atribuir informações de estilo através do atributo "class". Os autores devem evitar esta prática, uma vez que os elementos estruturais de uma linguagem de documento têm frequentemente significados reconhecidos e aceites e as classes definidas pelo autor podem não ter.

Se um elemento tiver vários atributos de classe, os seus valores devem ser concatenados com espaços entre os valores antes de procurar a classe. No entanto, até ao momento, o grupo de trabalho não tem conhecimento de qualquer forma em que esta situação possa ser alcançada, pelo que este comportamento é explicitamente não-normativo nesta especificação.

Etiqueta Div e Span

Div

Div (abreviatura de divisão) divide o conteúdo em secções individuais. Cada secção pode então ter a sua própria formatação, conforme especificado pelo CSS. Div é um contentor ao nível do bloco, o que significa que existe um avanço de linha após a etiqueta </div>.

Por exemplo, se tivermos a seguinte declaração CSS:

grande {
color: #00FF00;
família de fontes:arial;
tamanho da fonte: 4pt;
}

O código HTML

<div class="large">

Esta é uma amostra DIV.

</div>

é apresentado como Esta é uma amostra DIV.

Span

Span é semelhante a div na medida em que ambos dividem o conteúdo em secções individuais. A diferença é que o span vai para um nível mais fino, pelo que podemos fazer span para formatar um único carácter, se necessário. Não há avanço de linha após a tag

</span>.
Por exemplo, se tivermos a seguinte declaração CSS:
.largefont {
color: #0066FF;
família de fontes:arial;
tamanho da fonte: 6px;
}
O código HTML
O span não está ao nível do <span class="largefont">bloco</span>.
é apresentado como

nível de bloco

Span não está no

DOM

O que é o DOM?
O DOM é uma norma do W3C (World Wide Web Consortium).
O DOM define uma norma para aceder a documentos como HTML e XML:
"O Modelo de Objeto de Documento (DOM) do W3C é uma interface neutra em termos de plataforma e linguagem que permite que programas e scripts acessem e atualizem dinamicamente o conteúdo, a estrutura e o estilo de um documento."
O que é o HTML DOM?
O HTML DOM é:
- Um modelo de objeto padrão para HTML
- Uma interface de programação normalizada para HTML
- Independente da plataforma e da língua
- Uma norma W3C

O HTML DOM define os **objectos e as propriedades** de todos os elementos HTML, bem como os **métodos** (interface) para lhes aceder.
Por outras palavras: **O HTML DOM é um padrão para como obter, alterar, adicionar ou excluir elementos HTML.**
Nós DOM
De acordo com o DOM, tudo num documento HTML é um nó.
O DOM diz:
- O documento inteiro é um nó de documento
- Cada elemento HTML é um nó de elemento
- O texto nos elementos HTML são nós de texto
- Cada atributo HTML é um nó de atributo
- Os comentários são nós de comentários

O texto é sempre armazenado em nós de texto
Um erro comum no processamento DOM é esperar que um nó de elemento contenha texto.
No entanto, o texto de um nó de elemento é armazenado num nó de texto.
Neste exemplo: **<title>DOM Tutorial</title>**, o nó do elemento <title> contém um nó de texto com o valor "DOM Tutorial".

"Tutorial DOM" **não** é o valor do elemento <title>!

A árvore de nós do HTML DOM

O HTML DOM vê um documento HTML como uma estrutura em árvore. A estrutura em árvore é chamada de **nó-árvore.** Todos os nós podem ser acedidos através da árvore. Os seus conteúdos podem ser modificados ou eliminados e podem ser criados novos elementos. A árvore de nós abaixo mostra o conjunto de nós e as ligações entre eles. A árvore começa no nó raiz e ramifica-se para os nós de texto no nível mais baixo da árvore:

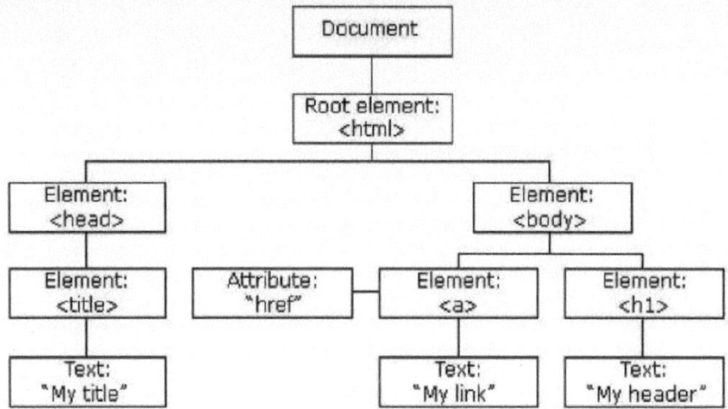

HTML interno

A propriedade mais útil dos nossos objectos de página Web a que podemos aceder não faz parte da norma oficial. A propriedade **innerHTML** foi introduzida pela Microsoft no Internet Explorer como uma forma conveniente de poder aceder a todo o conteúdo do contentor HTML de uma só vez. Acabou por ser tão conveniente que todos os outros browsers rapidamente adicionaram suporte a esta propriedade.

Podemos utilizar o HTML interno para obter o conteúdo atual do contentor ou para inserir novo conteúdo nesse contentor. Vejamos alguns exemplos. Aqui estão alguns contentores div que podemos ter no nosso HTML.

<div id="primeiro">

<p>Algum texto.</p>

<p>Mais algum texto.</p></div>

<div id="segundo"></div>

A primeira das nossas divs de exemplo apresenta dois parágrafos de texto na página, enquanto a segunda não apresenta nada na página e é simplesmente um espaço reservado. Podemos obter o conteúdo da primeira div da seguinte forma:

var content = document.getElementById('first') innerHTML;

O **conteúdo** da variável contém agora todo o texto dos dois parágrafos, bem como as próprias etiquetas de parágrafo. Podemos agora substituir esses parágrafos completamente, atribuindo um novo valor.

O HTML dinâmico, ou **DHTML**, é um conjunto de tecnologias utilizadas em conjunto para criar interatividade e animação utilizando uma combinação de uma linguagem de marcação estática (como o HTML), uma linguagem de scripting do lado do cliente (como o JavaScript), uma linguagem de definição de apresentação (como o CSS) e o Document Object Model.

O DHTML permite que as linguagens de script alterem variáveis na linguagem de definição de uma página Web, o que, por sua vez, afecta o aspeto e a função do conteúdo de uma página

HTML "estática", *depois de* a página ter sido totalmente carregada e durante o processo de visualização. Assim, a caraterística dinâmica do DHTML é a forma como funciona enquanto uma página é visualizada, e não a sua capacidade de gerar uma página única em cada carregamento de página.

Em contrapartida, uma página Web dinâmica é um conceito mais amplo - qualquer página Web gerada de forma diferente para cada utilizador, ocorrência de carga ou valores variáveis específicos. Inclui páginas criadas por scripting do lado do cliente e páginas criadas por scripting do lado do servidor (como PHP, Perl, JSP ou ASP.NET) em que o servidor Web gera conteúdo antes de o enviar para o cliente.

Utilizações

O DHTML permite aos autores adicionar efeitos às suas páginas que, de outra forma, seriam difíceis de obter. Por exemplo, o DHTML permite que o autor da página:

• Animar texto e imagens no seu documento, movendo independentemente cada elemento de qualquer ponto de partida para qualquer ponto de chegada, seguindo um caminho pré-determinado ou escolhido pelo utilizador.

• Incorporar um ticker que actualiza automaticamente o seu conteúdo com as últimas notícias, cotações de acções ou outros dados.

• Utilize um formulário para captar os dados introduzidos pelo utilizador e, em seguida, processe e responda a esses dados sem ter de os enviar de volta para o servidor.

• Incluir botões de rollover ou menus pendentes.

FORMULÁRIOS DHTML

• Os formulários são componentes chave de todas as aplicações baseadas na Web. Mas, por muito importantes que sejam, os programadores Web apresentam frequentemente aos utilizadores formulários difíceis de utilizar. Existem três problemas comuns:

• Os formulários podem ser demasiado longos. Uma lista aparentemente interminável de perguntas fará certamente com que o utilizador clique no botão de voltar ou salte para outro site.

• Em muitas situações, um determinado utilizador apenas terá de preencher alguns dos elementos do formulário. Se apresentar perguntas desnecessárias a um utilizador, estará a sobrecarregar a sua página e a incentivar o utilizador a ir a outro lado.

• Muitas vezes, as entradas de formulários têm de estar em conformidade com determinados formatos e instruções. Adicionar estas informações a uma página Web pode criar um ecrã desorganizado e pouco apelativo.

Escolher a forma pretendida

Um formulário longo pode ser encurtado de várias formas. Se tiver várias versões de um formulário, a principal tarefa é apontar as pessoas para o formulário correto. Muitas vezes, um simples conjunto de ligações é suficiente: "clique aqui para o formulário simples, clique aqui para o mais complicado". Em alternativa, uma única página pode mostrar um de vários formulários que o visitante pode escolher através de botões de rádio.

Esta abordagem utiliza HTML dinâmico (DHTML), que tem várias vantagens. Em primeiro lugar, o DHTML permite uma formatação mais flexível. Pode aplicar imagens de fundo, margens, tipos de letra e todas as outras caraterísticas que aprendeu a esperar do HTML e das folhas de estilo em cascata para

objetos DHTML. Em segundo lugar, se alguém preencher um formulário, mudar para outro e depois voltar a mudar, há uma boa hipótese de o browser perder a informação que foi inicialmente introduzida. Este problema não existe na solução DHTML. Em terceiro lugar, com DHTML pode fazer coisas complicadas como recortar e mover o formulário pela página.

O que é o XML DOM?

O XML DOM é:

- Um modelo de objeto normalizado para XML
- Uma interface de programação normalizada para XML
- Independente da plataforma e da língua
- Uma norma W3C

O XML DOM define os **objectos e as propriedades** de todos os elementos XML, bem como os **métodos** (interface) para lhes aceder.

Por outras palavras: **O XML DOM é um padrão para obter, alterar, adicionar ou excluir elementos XML.**

Nós DOM

De acordo com o DOM, tudo num documento XML é um **nó**. O DOM diz:

- O documento inteiro é um nó de documento
- Cada elemento XML é um nó de elemento
- O texto nos elementos XML são nós de texto
- Cada atributo é um nó de atributo
- Os comentários são nós de comentários

Exemplo de DOM

```
<?xml version="1.0" encoding="ISO-8859-1"?>
<loja de livros>
<livro categoria="culinária">
<title lang="en">O italiano de todos os dias</title>
<author>Giada De Laurentiis</author>
<ano>2005</ano>
<preço>30,00</preço>
</book>
<livro categoria="crianças">
<title lang="en">Harry Potter</title>
<author>J K. Rowling</author>
<ano>2005</ano>
<preço>29,99</preço>
</book>
<livro categoria="web">
<title lang="en">Início do XQuery</title>
<author>James McGovern</author>
<author>Per Bothner</author>
<author>Kurt Cagle</author>
<author>James Linn</author>
<author>VaidyanathanNagarajan</author>
<ano>2003</ano>
<preço>49,99</preço>
</book>
<book category="web" cover="paperback">
```

```
<title lang="en">Aprender XML</title>
<author>Erik T. Ray</author>
<ano>2003</ano>
<preço>39,95</preço>
</book>
</bookstore>
```

O texto é sempre armazenado em nós de texto

Um erro comum no processamento do DOM é esperar que um nó de elemento contenha texto. No entanto, o texto de um nó de elemento é armazenado num nó de texto.

Neste exemplo: **<year>2005</year>**, o nó do elemento <year> contém um nó de texto com o valor "2005".

"2005" **não** é o valor do elemento <year>!

A árvore de nós XML DOM

O DOM XML vê um documento XML como uma estrutura em árvore. A estrutura em árvore é designada por **nó-árvore.** Todos os nós podem ser acedidos através da árvore. Os seus conteúdos podem ser modificados ou eliminados e podem ser criados novos elementos. A árvore de nós mostra o conjunto de nós e as ligações entre eles. A árvore começa no nó raiz e ramifica-se para os nós de texto no nível mais baixo da árvore:

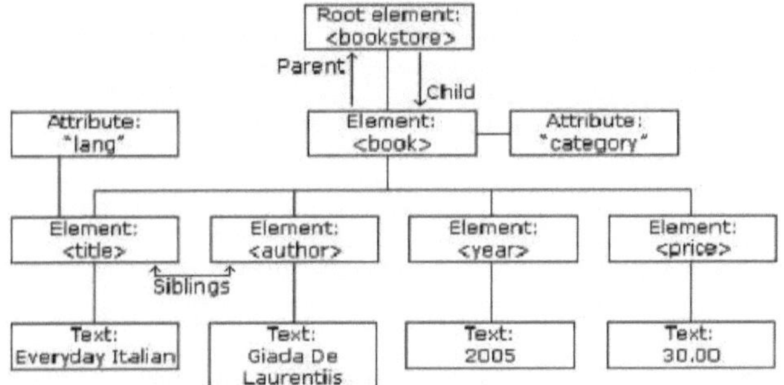

## Capítulo 4

CGI, PERL, Java Applet

Introdução à CGI:

A **Common Gateway Interface (CGI)** é uma norma que define a forma como o software do servidor Web pode delegar a criação de páginas Web numa aplicação autónoma, um ficheiro executável. Essas aplicações são conhecidas como *scripts CGI*; podem ser escritas em qualquer linguagem de programação, embora sejam frequentemente utilizadas linguagens de script.

A interface de gateway comum (CGI) é uma forma normalizada de um servidor Web transmitir o pedido de um utilizador Web a um programa de aplicação e receber dados de volta para os enviar ao utilizador. Quando o utilizador solicita uma página Web (por exemplo, clicando numa hiperligação ou introduzindo o endereço de um sítio Web), o servidor envia de volta a página solicitada. No entanto, quando um utilizador preenche um formulário numa página Web e o envia, este tem normalmente de ser processado por um programa de aplicação. Normalmente, o servidor Web passa as informações do formulário para um pequeno programa de aplicação que processa os dados e pode enviar uma mensagem de confirmação. Este método ou convenção de passagem de dados entre o servidor e a aplicação é designado por interface de gateway comum (CGI).

Se estiver a criar um Web site e pretender que uma aplicação CGI obtenha controlo, especifique o nome da aplicação no localizador uniforme de recursos (URL) que codifica num ficheiro HTML. Este URL pode ser especificado como parte das etiquetas de formulários se estiver a criar um formulário. Por exemplo, pode codificar:

<form method="POST" action="http://www.mybiz.com/cgi-bin/formprog.pl">

e o servidor em "mybiz.com" passaria o controlo para a aplicação CGI chamada "formprog.pl" para registar os dados introduzidos e devolver uma mensagem de confirmação. (O ".pl" indica um programa escrito em Perl, mas outras linguagens poderiam ter sido usadas).

A interface de porta de entrada comum fornece uma forma consistente de os dados serem transmitidos do pedido do utilizador para o programa de aplicação e de volta para o utilizador. Isto significa que a pessoa que escreve o programa de aplicação pode certificar-se de que este é utilizado independentemente do sistema operativo utilizado pelo servidor (Windows, Linux, Macintosh, UNIX, OS/390 ou outros). É simplesmente uma forma básica de as informações serem transmitidas do servidor Web sobre o seu pedido para o programa de aplicação e vice-versa.

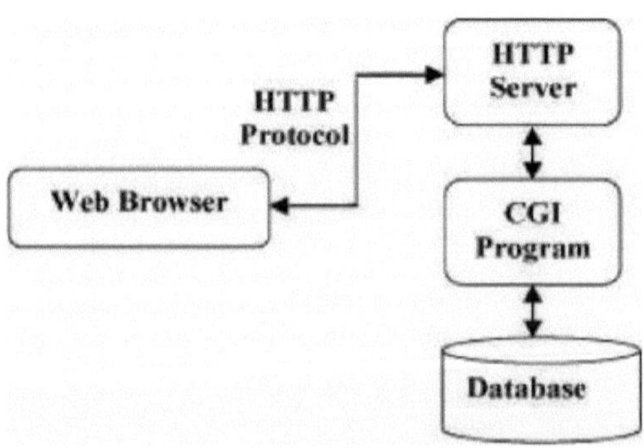

Teste e depuração de scripts Perl CGI:

Primeiro programa CGI

Aqui está um simples link que está ligado a um script CGI chamado hello.cgi. Este ficheiro está guardado no diretório /cgi-bin/ e tem o seguinte conteúdo.

```
#!/usr/bin/perl
print "Content-type:text/html\r\n\r\n";
imprimir '<html>';
imprimir '<head>';
print '<title>Olá Palavra - Primeiro Programa CGI</title>';
imprimir '</head>';
imprimir '<body>';
print '<h2>Olá Word! Este é o meu primeiro programa CGI</h2>';
imprimir '</body>';
imprimir '</html>';
```

Se clicar em hello.cgi, obtém-se o seguinte resultado:

Olá Word! Este é o meu primeiro programa CGI

Utilizar variáveis escalares e operadores em Perl:

Variáveis, matrizes e hashes

Tecnicamente falando, Perl tem três tipos principais de variáveis: scalars, arrays e hashes. Vou tentar manter isto o mais simples possível.

Cicatrizes

Estas são as variáveis que representam um único valor. Estas variáveis têm sempre um "$" (sinal de dólar) antes: my $name = "Binny";

$frase = "Isto não é fixe";

$dia = 12;

A palavra-chave 'my' pode ser utilizada se pretender uma variável local. As variáveis locais são as variáveis que existem apenas no bloco em que são definidas. É mais seguro usar 'my' ao inicializar variáveis.

Matrizes

As variáveis de matriz são variáveis que contêm vários valores. Todos os valores podem ser acedidos individualmente com o seu índice. Lembre-se disto - as matrizes têm normalmente um símbolo '@' no início quando são acedidas como um todo. Mas quando declarar slots individualmente, deve usar o sinal '$'.

Hashs

Também conhecidos como arrays associativos. Um hash representa um conjunto de pares chave/valor. É ótimo para armazenar informações relacionadas. Pode ser utilizado da mesma forma que o array, mas não é necessário um número de índice, podendo ser utilizado um sting no seu lugar. Segue-se um exemplo de hashes.

```
#!/usr/local/bin/perl
usar rigorosamente;
imprimir "Dicionário médico para campónios e louros";
my %meanings = (Artéria => "O estudo da pintura",
Bactérias => "A porta das traseiras da cafetaria",
Bário => "O que os médicos fazem quando os doentes morrem",
```

Bowel => "Uma letra como A, E, I, O, ou U",
Apreensão => "Um imperador romano",
Tablet => "Uma mesa pequena",
Tumor => "Mais do que um",
Urina => "O oposto de estás fora"
);
print "O significado de Artéria é $significado{'Artéria'}, Tumor significa $significado{'Tumor'} enquanto Convulsão é $significado{'Convulsão'}";

Operadores

Não há falta de operadores em perl. Apenas os mais importantes e os mais utilizados são listados abaixo.

Nota

: A variável $a tem o valor 3 e $b tem o valor 8. Estes valores NÃO mudarão - por outras palavras, estes valores serão os mesmos para todos os exemplos.

Operadores aritméticos

Operador, explicação, exemplo, resultado do exemplo

$a + $b 11
5 - $a 2
3 * $b 24
6 / $a 2

+ adição
- subtração
* multiplicação
/ divisão

Operadores de extras

Operadores, explicação, exemplo, resultado do exemplo

++ Adiciona 1 ao valor à esquerda (assim, se $i fosse igual a 1, $i++ seria igual a 2) $a++ $a será 4

-- Subtrai 1 do valor à esquerda. $a-- $a será $a +=

+= Adiciona os valores à esquerda e à direita do operador e, em seguida, armazena o valor na variável da esquerda.

$b; $a será 11

Subtrai os valores à esquerda e à direita do operador -= e, em seguida, armazena o valor à esquerda $b -= $a; $b será a variável 5.

Multiplica os valores à esquerda e à direita do operador *= e, em seguida, armazena o valor à esquerda $a *= $b; $a será a variável 24.

Operadores de comparação numérica

Operador Explicação Exemplo Exemplo Resultado

== igualdade if($a == $b) Falso
!= desigualdade if($a != $b) Verdadeiro
< menos de if($a < $b) Verdadeiro
> maior do que if($a > $b) Falso
<= menor que ou igual if($a <= $b) Verdadeiro
>= maior ou igual if($a >= $b) Falso

Operadores de comparação de strings

Operador Explicação Exemplo Exemplo Resultado

Ver se duas **cadeias** de caracteres eq "String" eq "String" True são iguais.

Ver se duas **cadeias** de caracteres ne "String" ne "String" False NÃO são iguais.

Lógica booleana

Operador Explicação Exemplo Exemplo Resultado

&& E se($a>$b && $b>7) Falso

OU se($a>$b $b>7) Verdadeiro

! NOT if(!$b) False

Outros operadores

Operador Explicação Exemplo Exemplo Resultado

= assignment $a = 5; $a tornar-se-á 5

$a = "Str1". concatenação de cadeias de caracteres (caso não consiga ver o operador, é um ponto - um ponto final - '.')

"Str2"; $a será "Str1Str2" x multiplicação de cadeia $a = "Me" x 5 $a será "MeMeMeMeMe"

Perl e CGI (Common Gateway Interface)

Guardar os seguintes elementos num ficheiro chamado guestbook.htm

```
<html><head>
<title>Livro de Visitas</title>
</head>
<body>
<form action="/cgi-bin/guestbook.pl" method="get">
<table>
<tr><td>Nome</td><td><input name="name" type="text" value=""></td></tr>
<tr><td>E-Mail</td><td><input name="email" type="text" value=""></td></tr>
<tr><td>Localização</td><td><input name="loc" type="text" value=""></td></tr>
<tr><td>Comentários</td><td>
<TEXTAREA name="comments" rows="10" cols="32"></TEXTAREA></td></tr>
</table><br><br>
<input type="submit" value="Add Entry">
</form>
</body>
</html>
```

Está a ver a linha <form action="/cgi-bin/guestbook.pl" method="get">? Claro que sim. action="/cgi-bin/guestbook.pl" Diz ao servidor onde o script CGI é guardado. method="get" diz ao servidor que método de entrada é utilizado. Existem dois métodos de entrada - get e post.

Agora vamos criar um script perl para obter a entrada deste ficheiro.

Crie um ficheiro chamado 'guestbook.pl' na pasta cgi-bin. Certifique-se de que o formulário acima aponta para este ficheiro no atributo action.

Antes de mais, a primeira linha obrigatória.

```
#!/usr/local/bin/perl
```

Agora, vamos ouvir os comentários...

```
my $query_string = "";
#Obter a entrada
se ($ENV{REQUEST_METHOD} eq 'POST') {
read(STDIN, $query_string, $ENV{CONTENT_LENGTH});
```

} else {
$query_string = $ENV{QUERY_STRING};
}
print "Content-Type: text/html\n\n";
print "Query String is \n
 $query_string";

Arranja um servidor se quiseres testar os teus scripts. Eu uso o Sambar Server. Este servidor é muito fácil de usar e é muito útil para testar os seus scripts.

Agora coloque o ficheiro perl (guarde as linhas acima num ficheiro chamado guestbook.pl) na pasta cgi-bin.

Se tiveres um servidor sambar, normalmente é C:\Program Files\Sambar\cgi-bin. Agora copie o ficheiro guestbook.htm para a pasta documents - a pasta raiz (para o sambar esta é "C:\Program Files\Sambar\docs" por defeito). Agora abra o seu servidor e abra o ficheiro guestbook.htm a partir do servidor (para o servidor sambar basta abrir um navegador de Internet como o IE e escrever "http://127.0.0.1/guestbook.htm" na barra de endereços depois de abrir o servidor clicando no atalho do sambar no menu iniciar).

Se tudo correu bem, verá o ficheiro html que criámos aqui. Agora, introduza os valores abaixo indicados

Nome - Binny

E-Mail - whatever@wherever.com

Localização - Omnipresente

Comentários - Olá Mundo! Aqui estou eu.

e prima o botão "Adicionar registo".

Esta é a informação que foi passada entre dois ficheiros. Agora, a parte do conteúdo terá o seguinte aspeto.

A cadeia de consulta é

name=Binny&email=whatever@wherever.com&loc=Omnipresent&comments=Hello+W orld %21+Here+I+am.

Estes são os dados que obtivemos do formulário. Os dados terão o seguinte formato - <Nome da entrada>=<Dados introduzidos>&<Nome da entrada seguinte>=<Dados introduzidos seguintes> e assim por diante O nome da entrada representa o nome do elemento do formulário no ficheiro html. Se der uma vista de olhos, verá que o primeiro elemento é o nome, o seguinte é o e-mail e assim por diante. Agora precisamos de converter estes dados para um formato mais útil.

Agora, criámos um ficheiro perl que recebe o input e dá o output em HTML. Podes personalizar a página de saída como quiseres. Talvez gostes mais do seguinte. Substitui as linhas

"$FORM{'name'} veio de $FORM{'loc'}. O endereço de correio eletrónico é $FORM{'email'}. Comentários :
$FORM{'comments'}" com o seguinte.

Caro $FORM{'name'},
Obrigado por preencher o nosso Livro de Visitas.

Agradeço este esforço da vossa parte.

<table>

<tr><td>Nome</td><td>$FORM{'name'}</td></tr>

<tr><td>E Mail</td><td>

<a href="mailto:$FORM{'email'}">$FORM{'email'}</a></td></tr>

<tr><td>Localização</td><td>$FORM{'loc'}</td></tr>

```
<tr><td>Comentários</td><td>$FORM{'comentários'}</td></tr>
</table>
```

Agora o nosso script é muito fixe - mas não faz a única coisa que se espera de um programa de Livro de Visitas - Guardar o resultado num ficheiro. Para fazer isso, adicionamos as linhas,

```
# Open Guest Book File
open (FILE, ">>convidados.txt") die "Não é possível abrir convidados.txt: $!\n";
#Escrever a informação no ficheiro
print FILE "$FORM{'name'} veio de $FORM{'loc'}.";
print FILE "O endereço de correio eletrónico é $FORM{'email'}.";
print FILE "Comentários : $FORM{'comments'}\n";
close(FILE);
```

O guião está terminado. Criámos um programa de livro de visitas funcional. Mas devo avisá-lo que este script tem as suas limitações. Para um programa de livro de visitas melhor que eu criei, vá a http://www.bin-co.com/perl/cgi/guestbook.html. Para mais livros de visitas criados por outros, vá a Recursos CGI

O guião completo terá um aspeto semelhante a este...

```
#!/usr/local/bin/perl
my $query_string = ";
#Obter a entrada
se ($ENV{REQUEST_METHOD} eq 'POST') {
read(STDIN, $query_string, $ENV{CONTENT_LENGTH});
} else {
$query_string = $ENV{QUERY_STRING};
}
#     Dividir os pares nome-valor
@pares = split(/&/, $query_string);
foreach $pair (@pairs) {
($name, $value) = split(/=/, $pair);
#     Tornar o input inglês. E remover coisas indesejadas
$valor =~ tr/+/ /;
$value =~ s/%([a-fA-F0-9][a-fA-F0-9])/pack("C", hex($1))/eg;
$FORM{$name} = $value;
}
#Dar saída
print <<START;
Content-Type: text/html\n\n
<html><head>
<title>Resultado do livro de convidados</title>
<body>
#     h1 align="center">Resultados do livro de convidados</h1>
Caro $FORM{'name'},<BR>Obrigado por preencher o nosso Livro de Visitas.
Agradeço este esforço da vossa parte.<br><br>
<table>
<tr><td>Nome</td><td>$FORM{'name'}</td></tr>
<tr><td>E Mail</td><td>
<a href="mailto:$FORM{'email'}">$FORM{'email'}</a></td></tr>
```

```
<tr><td>Localização</td><td>$FORM{'loc'}</td></tr>
<tr><td>Comentários</td><td>$FORM{'comentários'}</td></tr>
</table>
</body>
</html>
INICIAR
#     Abrir ficheiro do livro de visitas
open (FILE, ">>convidados.txt") die "Não é possível abrir convidados.txt: $!\n";
#Escrever a informação no ficheiro
print FILE "$FORM{'name'} veio de $FORM{'loc'}.";
print FILE "O endereço de correio eletrónico é $FORM{'email'}.";
print FILE "Comentários : $FORM{'comments'}\n";
close(FILE);
```

Agora tem um livro de visitas. Mas tem as suas limitações e problemas. Modifique você mesmo este livro de visitas. Melhore-o. Torne-o o melhor.

Applet Java

Introdução a Java

JAVA oferece uma série de vantagens aos programadores.

Java é simples

Java foi concebida para ser fácil de utilizar e, por conseguinte, é mais fácil de escrever, compilar, depurar e aprender do que outras linguagens de programação. A razão pela qual Java é muito mais simples do que C++ prende-se com o facto de Java utilizar a atribuição automática de memória e a recolha de lixo, ao passo que C++ exige que o programador atribua memória e recolha o lixo.

Java é orientado para os objectos

Java é orientada para objectos porque a programação em Java está centrada na criação de objectos, na manipulação de objectos e no funcionamento conjunto dos objectos. Isto permite-lhe criar programas modulares e código reutilizável.

Java é independente de plataforma

Uma das vantagens mais significativas de Java é a sua capacidade de passar facilmente de um sistema informático para outro. A capacidade de executar o mesmo programa em muitos sistemas diferentes é crucial para o software da World Wide Web, e o Java consegue isso por ser independente de plataforma, tanto no nível do código-fonte quanto no nível binário.

Java é distribuído

A computação distribuída envolve o trabalho conjunto de vários computadores numa rede. Java foi concebida para facilitar a computação distribuída com a capacidade de ligação em rede que lhe está inerentemente integrada. Escrever programas de rede em Java é como enviar e receber dados de e para um ficheiro. Por exemplo, o diagrama abaixo mostra três programas executados em três sistemas diferentes, que comunicam entre si para executar uma tarefa conjunta.

Java é interpretado

É necessário um interpretador para executar programas Java. Os programas são compilados no código da Máquina Virtual Java, denominado bytecode. O bytecode é independente da máquina e pode ser executado em qualquer máquina que tenha um interpretador Java. Com Java, o programa só precisa de ser compilado uma vez, e o bytecode gerado pelo compilador

Java pode ser executado em qualquer plataforma.

Java é seguro

Java é uma das primeiras linguagens de programação a considerar a segurança como parte da sua conceção. A linguagem Java, o compilador, o interpretador e o ambiente de tempo de execução foram desenvolvidos tendo em conta a segurança.

Java é robusto

Robusto significa fiável e nenhuma linguagem de programação pode realmente garantir a fiabilidade. Java coloca muita ênfase na verificação precoce de possíveis erros, uma vez que os compiladores Java são capazes de detetar muitos problemas que, noutras linguagens, apareceriam primeiro durante o tempo de execução. **Java é multithread**

O multithreaded é a capacidade de um programa executar várias tarefas simultaneamente num programa. Em Java, a programação multithreaded foi integrada sem problemas, enquanto noutras linguagens é necessário chamar procedimentos específicos do sistema operativo para permitir o multithreading. O multithreading é uma necessidade na programação visual e em rede.

Escrever applets java

O applet Java é um applet apresentado aos utilizadores sob a forma de bytecode Java. Os applets Java podem ser executados num navegador Web utilizando uma máquina virtual Java (JVM) ou no AppletViewer da Sun, uma ferramenta autónoma para testar applets.

Os applets Java são executados numa *caixa de areia* pela maioria dos navegadores Web, impedindo-os de aceder a dados locais como a área de transferência ou o sistema de ficheiros. O código da miniaplicação é descarregado de um servidor Web e o navegador incorpora a miniaplicação numa página Web ou abre uma nova janela que mostra a interface de utilizador da miniaplicação.

Um applet Java estende a classe java.applet. Applet, ou no caso de um applet Swing, javax.swing.JApplet. A classe deve substituir os métodos da classe applet para configurar uma interface de utilizador dentro de si própria (Applet é um descendente de Panel, que é um descendente de Container.

Uma vez que o applet herda do contentor, tem praticamente as mesmas possibilidades de interface de utilizador que uma aplicação Java normal, incluindo regiões com visualização específica do utilizador. O applet pode ser apresentado na página Web utilizando o elemento HTML applet obsoleto, ou o elemento objeto recomendado.

Exemplo

O exemplo seguinte é suficientemente simples para ilustrar a utilização essencial dos applets Java através do seu pacote java.applet. Também utiliza classes do Java Abstract Window Toolkit (AWT) para produzir o output atual (neste caso, a mensagem "Hello, world!").

```
importar java.applet.Applet;
importar java.awt.*;
// Código do applet para o exemplo "Hello, world!".
// Isto deve ser guardado num ficheiro com o nome "HelloWorld.java".
public class HelloWorld extends Applet {
// Este método é obrigatório, mas pode estar vazio (ou seja, não ter código atual).
public void init() { }
// Este método é obrigatório, mas pode estar vazio (ou seja, não ter código).
public void stop() { }
```

```
// Imprimir uma mensagem no ecrã (x=20, y=10).
public void paint(Graphics g) {
g.drawString("Olá, mundo!", 20,10);
// Desenha um círculo no ecrã (x=40, y=30).
g.drawArc(40,30,20,20,0,360);
}
}
```

Para compilação, este código é guardado num ficheiro ASCII simples com o mesmo nome da classe e extensão .java, ou seja, HelloWorld.java. O applet HelloWorld.class resultante deve ser colocado no servidor Web e é invocado dentro de uma página HTML usando um <APPLET> ou um

etiqueta <OBJECT>. Por exemplo:

```
<!DOCTYPE HTML PUBLIC
"-//W3C//DTD HTML 4.01 Transitional//EN" "http://www.w3.org/TR/html4/loose.dtd">
<HTML>
<HEAD>
<TITLE>Exemplo de mundo_alô.html</TITLE>
</HEAD>
<BODY>
<H1>Um exemplo de applet Java</H1>
<P>Aqui está: <APPLET code="HelloWorld.class" WIDTH="200" HEIGHT="40">
É aqui que a classe HelloWorld.class é executada.</APPLET></P>
</BODY>
</HTML>
```

Exibindo a página HelloWorld_example.html de um servidor Web, o resultado deve ser o seguinte:

Um exemplo de applet Java

Aqui está: Olá, mundo!

Vantagens

Um applet Java pode ter uma ou todas as seguintes vantagens:

o É simples fazê-lo funcionar em Linux, Microsoft Windows e Mac OS X, ou seja, torná-lo multiplataforma. Os applets são suportados pela maioria dos navegadores Web.

o O mesmo applet pode funcionar em "todas" as versões instaladas de Java ao mesmo tempo, em vez de apenas na versão mais recente do plug-in. No entanto, se um applet requerer uma versão mais recente do Java Runtime Environment (JRE), o cliente será forçado a esperar durante o grande download.

o A maioria dos navegadores da Web armazenam os applets em cache, por isso serão carregados rapidamente quando voltarem a uma página da Web. Os applets também melhoram com a utilização: após a execução de um primeiro applet, a JVM já está a funcionar e inicia-se rapidamente (a JVM terá de reiniciar sempre que o navegador for iniciado de novo).

o Pode transferir o trabalho do servidor para o cliente, tornando uma solução Web mais escalável com o número de utilizadores/clientes.

o Se um programa autónomo (como o Google Earth) falar com um servidor Web, esse servidor tem normalmente de suportar todas as versões anteriores para os utilizadores que não mantiveram o software cliente atualizado. Em contrapartida, um browser corretamente configurado carrega (e coloca em cache) a versão mais recente da applet, pelo que não é necessário suportar versões anteriores.

o O applet suporta naturalmente a alteração do estado do utilizador, como as posições das figuras no tabuleiro de xadrez

o Os programadores podem desenvolver e depurar um applet diretamente, criando simplesmente uma rotina principal (na classe do applet ou numa classe separada) e chamando init() e start() no applet, permitindo assim o desenvolvimento no seu ambiente de desenvolvimento Java SE favorito. Tudo o que é preciso fazer depois é testar novamente o applet no programa AppletViewer ou num navegador da Web para garantir que ele esteja em conformidade com as restrições de segurança.

o Um applet não confiável não tem acesso à máquina local e só pode acessar o servidor de onde veio. Isto torna um miniaplicativo muito mais seguro de executar do que um executável autónomo que poderia substituir. No entanto, um applet assinado pode ter acesso total à máquina em que está a ser executado se o utilizador concordar.

o Os applets Java são rápidos - e podem até ter um desempenho semelhante ao do software nativo instalado.

Ciclo de vida de um Applet

Introdução

Nesta secção, aprenderá sobre o ciclo de vida de um applet e os diferentes métodos de um applet. O Applet corre no browser e o seu método de ciclo de vida é chamado pela JVM quando é carregado e destruído. Aqui estão os métodos do ciclo de vida de um Applet:

init(): Este método é chamado para inicializar um applet

start(): Este método é chamado após a inicialização do applet.

stop(): Este método pode ser chamado várias vezes no ciclo de vida de um Applet.

destroy(): Este método é chamado apenas uma vez no ciclo de vida do applet quando este é destruído.

método init ():

O ciclo de vida de um applet começa no momento em que o applet é carregado pela primeira vez no browser e é chamado o método init(). O método init() é chamado apenas uma vez durante o ciclo de vida de um applet. O método init() é basicamente chamado para ler a etiqueta PARAM no ficheiro html. O método init() recupera o parâmetro passado através da etiqueta PARAM do ficheiro html utilizando o método get Parameter(). Toda a inicialização, tal como a inicialização das variáveis e dos objectos, como a imagem e o ficheiro de som, é carregada no método init().

Método Start ():

O método start de um applet é chamado após o método de inicialização init(). Este método pode ser chamado várias vezes quando o Applet precisa de ser iniciado ou reiniciado. Por exemplo, se o utilizador quiser voltar à Applet, nesta situação o método start() de uma Applet será chamado pelo navegador Web e o utilizador voltará à Applet. No método de início, o utilizador pode interagir com o applet.

Método Stop ():

O método stop() pode ser chamado várias vezes durante o ciclo de vida da applet, tal como o método start (). Ou deve ser chamado pelo menos uma vez. Existe apenas uma pequena diferença entre o método start() e o método stop(). Por exemplo, o método stop() é chamado pelo navegador Web no momento em que o utilizador sai de um applet para ir para outro applet e o método start() é chamado no momento em que o utilizador quer voltar ao primeiro programa ou applet.

método destroy():

O método destroy() é chamado apenas uma vez no ciclo de vida da Applet, tal como o método init(). Este método é chamado apenas no momento em que o browser precisa de ser encerrado.

Applet versus Aplicação

Os applets, como descrito anteriormente, são programas pequenos, enquanto os aplicativos são programas maiores. As applets não têm o método main enquanto que numa aplicação a execução começa com o método main. Os applets podem ser executados na janela do nosso browser ou num appletviewer. Executar o applet num appletviewer será uma vantagem para a depuração. Os applets são concebidos para fins de programação no local do cliente, enquanto as aplicações não têm este tipo de critérios. As applets são ferramentas poderosas porque cobrem metade do quadro da linguagem Java. As applets Java são a melhor forma de criar programas em Java. As applets são concebidas apenas para lidar com os problemas do sítio do cliente. Enquanto as aplicações Java são concebidas para trabalhar com o cliente e com o servidor. As aplicações são concebidas para existirem numa área segura, enquanto as applets são normalmente utilizadas. As aplicações e as applets têm muitas semelhanças, uma vez que ambas têm as mesmas caraterísticas e partilham os mesmos recursos. As applets são criadas através da extensão da classe java.applet.Applet, enquanto as aplicações java iniciam a execução a partir do método main.

As aplicações não são demasiado pequenas para serem incorporadas numa página html, de modo a que o utilizador possa ver a aplicação no seu browser. Por outro lado, a applet tem os critérios de acessibilidade dos recursos. A caraterística principal é que, embora tenham muitas diferenças, ambos podem ter o mesmo objetivo.

Revisão de Java Applets:

Para criar um applet, basta criar uma classe que estenda a classe java.applet.Applet e herdar todas as funcionalidades disponíveis na classe-mãe. Os programas a seguir deixam tudo claro.

importar java.awt.*;

importar java.applet.*;

class Myclass **extends** Applet {

public void init() {

/* Todas as variáveis, métodos e imagens são inicializados aqui

será chamado apenas uma vez porque este método é chamado apenas

uma vez quando o applet é inicializado pela primeira vez */

}

public void start() {

/* Os componentes precisam de ser inicializados mais do que uma vez

no seu applet são escritos aqui ou se o leitor

alterna entre os applets. Este método

pode ser chamado mais do que uma vez*/

}

public void stop() {

/* Este método é a contrapartida de start(). O código, utilizado para parar a execução, é escrito

aqui*/
}
public void destroy() {
/* Este método contém o código que resulta na libertação dos recursos para o applet antes de este terminar. Este método é chamado apenas uma vez. */ }
public void paint(Graphics g) {
/* Escreve o código neste método para desenhar, escrever ou colorir
as coisas no painel do applet são */
}
}

No applet acima, você viu que existem cinco métodos. Dois deles (init() e destroy) são chamados apenas uma vez, enquanto os três restantes (start() , stop() e paint()) podem ser chamados qualquer número de vezes, consoante as necessidades. A principal diferença entre os dois (applet e aplicação) é que as aplicações Java são concebidas para funcionar em áreas homogéneas e mais seguras. Pelo contrário, as applets java foram concebidas para funcionar num ambiente heterogéneo e provavelmente não seguro. A Internet impôs-lhe várias restrições.

As applets não são capazes de ler e escrever no sistema de ficheiros do utilizador. Isto significa que a applet não pode aceder nem colocar nada localmente. Mais uma coisa a salientar aqui é que os applets não podem usar os métodos nativos, executar qualquer programa no sistema do utilizador ou carregar bibliotecas partilhadas. A maior preocupação de segurança aqui é que as bibliotecas partilhadas locais e os métodos nativos podem resultar numa lacuna no modelo de segurança java.

As applets não são capazes de comunicar com o servidor de onde provêm. Há casos em que uma chave de encriptação é utilizada para efeitos de verificação de um determinado applet para um servidor. Mas não é possível aceder a um servidor remoto. A conclusão é que as applets java oferecem uma grande variedade de formatos para a execução de programas e um modelo de segurança muito rigoroso num ambiente aberto como a Internet.

Introdução à aplicação Java:
As aplicações Java apresentam a maioria das diferenças em relação às applets Java. Se falarmos ao nível do código fonte, não estendemos nenhuma classe da biblioteca java padrão, o que significa que não estamos limitados a utilizar o método já definido ou a substituí-lo para a execução do programa. Em vez disso, criamos um conjunto de classes que contém as várias partes do programa e anexamos o método principal a essas classes para a execução do código escrito nessas classes. O programa seguinte ilustra a estrutura da aplicação java.

classe pública MyClass {
/* Vários métodos e variáveis utilizados pela classe
MyClass são escritas aqui */
classe myClass {
/* Contém o corpo da classe myClass */
}
public static void main(String args[]) {
/* A aplicação inicia a sua execução efectiva a partir deste local. **/
}
}
O método principal não é mais do que o método do sistema utilizado para invocar a aplicação.

O código que resulta numa ação deve localizar-se no método principal. Por conseguinte, este método é mais importante do que qualquer outro método numa aplicação Java. Se não especificarmos o método main na nossa aplicação, ao executá-la surgirá uma exceção como esta: Na classe MyClass: void main(String args[]) is undefined Mas, a um nível mais elevado, a maior preocupação é que, num modelo de segurança típico de uma aplicação Java, uma aplicação pode aceder ao sistema de ficheiros do utilizador e utilizar métodos nativos. Ao configurar corretamente o ambiente do utilizador e a aplicação java, esta permitirá o acesso a todo o tipo de coisas a partir da Internet. Na maioria dos casos, verifica-se que a aplicação java se assemelha a uma aplicação C/C++ típica. Vamos agora criar muitas aplicações para exemplificar alguns dos métodos e caraterísticas de uma aplicação Java específica.

More
Books!

info@omniscriptum.com
www.omniscriptum.com
OMNIScriptum

Printed by Books on Demand GmbH, Norderstedt / Germany